心理学与领导力

一本书让你全方位提升领导力
构建理想团队，成为卓越的领导者

陈讲红 / 著

畅销3版

中国法制出版社
CHINA LEGAL PUBLISHING HOUSE

图书在版编目（CIP）数据

心理学与领导力/陈讲红著. —3 版. —北京：
中国法制出版社，2019.5
（心理学世界）
ISBN 978-7-5216-0132-9

Ⅰ.①心… Ⅱ.①陈… Ⅲ.①领导心理学
Ⅳ.①C933

中国版本图书馆 CIP 数据核字（2019）第 069490 号

策划编辑：杨 智（yangzhibnulaw@126.com）
责任编辑：杨 智 冯 运　　　　　　　　　　封面设计：周黎明

心理学与领导力
XINLIXUE YU LINGDAOLI

著者/陈讲红
经销/新华书店
印刷/三河市紫恒印装有限公司
开本/710 毫米×1000 毫米　16 开　　　　　印张/17　字数/210 千
版次/2019 年 5 月第 3 版　　　　　　　　　2019 年 5 月第 1 次印刷

中国法制出版社出版
书号 ISBN 978-7-5216-0132-9　　　　　　　定价：46.00 元
北京西单横二条2号
邮政编码 100031　　　　　　　　　　　　 传真：010-66031119
网址 http://www.zgfzs.com　　　　　　 编辑部电话：010-66038703
市场营销部电话：010-66033393　　　　　 邮购部电话：010-66033288

（如有印装质量问题，请与本社印务部联系调换。电话：010-66032926）

前　言

世间事皆人事。然而人之心理变化稍纵即逝，似乎让人无迹可寻，加上人为的掩盖和隐藏，人心很难把握。所以我们常说"画龙画虎难画骨，知人知面不知心"。心理学作为一门研究人类的心理现象、精神功能和行为的科学，既是一门理论学科，也是一门应用学科。就心理学的现实指向性而言，它描述、解释、控制、预测个体或者群体的行为与心理机能。心理学提供了人们认知自己、他人，了解人之心理达到目标的理论武器，这也是本书能通过心理学定律、原则或法则来诠释领导力修炼的原因所在。

在本书中，富有魅力的领导更多的是指通过内在影响而获得追随，而非借助权力等外在力量的强制或威慑，虽然外在力量有时候是必需的。本书在写作过程中，力避这种外在强制力的作用，毕竟"力服不如口服，口服不如心服"。本书在把心理学定律迁移应用到领导力的修炼上时，注重挖掘心理学定律的本质和使用条件，告诫读者什么情况下能应用这样的规律，滥用了又会有什么样的结果。这和领导者的管理实践有着较高程度的吻合。从内容上来说，涉及领导者的自我修炼，管理中的有效沟通、有效激励、知人善任、团队合作、制度建设和决策艺术等。领导艺术的本质就是把握"度"的能力，不足和过度原则上都是应力求避免的。

辩证法的精髓是具体问题具体分析，这也是笔者试图提醒管理者在应用心理学定律或者管理学理论时应当注意的问题。生搬硬套的结果必定让你大失所望。

限于笔者知识、阅历、能力，不足之处敬请斧正。

目　录

第一章　做有魅力的领导者——完善自我让领导感染员工

  在下属面前树立威信——权威效应 /002

  平时工作要谨言慎行——提防"职位放大器效应" /005

  做事要有毅力——临界点效应 /008

  做好下属的标杆——榜样效应 /010

  有激情的领导才能感染人——杜利奥定理 /012

  要勇于承认错误——特里法则 /015

  控制自己的情绪——踢猫效应 /018

  用自信去感染下属——杜根定律 /021

第二章　做懂沟通的领导者——有效沟通让领导了解员工

  与员工平等地交流——位差效应 /028

  给沟通加点润滑剂——幽默效应 /032

  批评下属也要有限度——超限效应 /035

批评中要有赞美——肥皂水效应 /039

要了解员工的内心需求——坎特法则 /043

善于疏导才能避免灾难——避雷针效应 /046

懂得倾听才能有效沟通——威尔德定理 /051

为员工建立畅通的宣泄渠道——霍桑效应 /055

第三章 做懂激励的领导者——巧妙激励让员工提升士气

让员工把自己当成主人——麦克莱兰定理 /060

引入竞争激发员工活力——鲇鱼效应 /064

把员工当成朋友——蓝斯登法则 /067

给员工制定一个高目标——吉格勒定理 /071

鼓励下属对成就感的追求——马蝇效应 /075

有效的监督也是一种激励——赫勒法则 /078

期待能激发一个人的潜能——罗森塔尔效应 /081

让下属在不知不觉中鼓足干劲——暗示效应 /085

第四章 做会用人的领导者——知人善任让员工努力工作

千金买骨才能吸引千里马——海潮效应 /092

对优秀人才要舍得花钱——乔布斯法则 /096

敢于用比自己强的人——奥格尔维法则 /101

对下属要量才而用——特雷默定律 /105

允许失败才会有创新——底特农定理 /109

用良好的工作环境去凝聚人才——雷尼尔效应 /113

用人不能犯先入为主的错误——首因效应 /118

包容下属的错误——波特定律 /122

第五章　做懂团队经营的领导者——巧施妙手让员工合作共赢

团队繁荣的根本是合作——史提尔定律 /128

杜绝坐享其成——搭便车效应 /132

及时清除团队中的"烂苹果"——酒与污水定律 /136

和尚多了没有水喝——合作陷阱效应 /140

用优秀的企业文化凝聚人心——凝聚效应 /144

优势互补才能成就强大团队——皮尔·卡丹定理 /148

给予和剥夺是相对应的——互惠关系定律 /153

第六章　做建设优秀制度的领导者——制定准则让员工有章可循

简单的制度才是好制度——奥卡姆剃刀定律 /160

规章制度也要不断创新——布克定理 /164

严惩违反制度的员工——热炉法则 /168

制度一定要合理——分粥效应 /172

把握好纪律与温情的尺度——梅考克法则 /177

让制度保持透明——金鱼缸效应 /181

不要让下属无所适从——手表定律 /186

公正的制度才会被真正接受——公平原则 /189

第七章 做多谋善断的领导者——做出准确决策让企业顺利前行

做决策不能盲目跟风——羊群效应 /196

决策必须果断——布里丹毛驴效应 /200

决策要避开投机心理——最大笨蛋理论 /204

该舍弃时就要果断舍弃——鳄鱼法则 /206

不要把精力浪费在小事上——不值得定律 /209

不要让决策变得急功近利——艾奇布恩定律 /213

有效预测是成功决策的基石——儒佛尔定律 /218

做决策时不要畏惧困难——韦特莱法则 /221

决策前要做好信息收集工作——沃尔森法则 /225

利益是决策考虑的首要因素——史密斯原则 /228

第八章 做临危不惧的领导者——未雨绸缪让企业化险为夷

领导者要善于应变——应激心理 /234

缺乏危机意识就必然会失败——青蛙效应 /238

一个小失误会导致大损失——蝴蝶效应 /242

面对危机时要冷静应对——吉德林法则 /246

危机也是可以预测的——海恩法则 /250

要注意危机中的商机——布伦尼曼法则 /254

预先制订好计划才能避免危机——布利斯定理 /258

自我淘汰才能不断进步——达维多定律 /262

第一章

做有魅力的领导者
——完善自我让领导感染员工

在下属面前树立威信
——权威效应

一方面是一定的权威，不管它是怎样形成的，另一方面是一定的服从，这两者都是我们所必需的。

——恩格斯

【导读】

美国心理学家做过一个实验：在给某大学心理学系的学生们讲课时，心理学家向学生介绍一位从外校请来的德语教师，说这位德语教师是从德国来的著名化学家。实验中这位"化学家"煞有介事地拿出了一个装有蒸馏水的瓶子，说这是他新发现的一种化学物质，有些气味，请在座的学生闻到气味时就举手，结果多数学生举起了手。这就是权威效应。

【领导力修炼】

权威效应的微妙之处是利用人们对权威的信任心理、从众心理达到领导的目的，而并非直接发挥权威的强制作用。修炼领导力，要善于运用权威效应，以在下属面前树立威信。

领导者运用权威效应，首先要积极构建自己的权威光环。而领导威信的树立，是要加强个人内在素养的修炼。《礼记·大学》曰："古

第一章 做有魅力的领导者

之欲明明德于天下者,先治其国;欲治其国者,先齐其家;欲齐其家者,先修其身。"修身是我们入世的基本修炼要求。历史一再证明,没有良好内在素养的领导者常常逃脱不了"虽成必败,虽盛必衰"的结局。我们常说的"基础不牢,地动山摇"也是这个意思。

但修身是个大而化之的概念,如何修炼成一名具有魅力的领导者呢?美国的《领导力》杂志在过去的20年中分三个不同阶段对不同经历、不同行业、不同专业的7500名管理者进行调查,发现卓越的领导者身上有四项突出的共有品质:真诚待人、具备远见卓识、胜任其职、善于鼓舞人心。

真诚待人是一种美德,更是一种获得追随的能力。真诚对待每一个下属,必将获得下属的真心追随。领导者关心爱护下属,用心培养、教育和塑造下属,使他们获得发展的能力、素质,为他们的成长发展创造良好的外部环境,提供施展才华的舞台。

远见卓识是一种把握未来趋势,明晰事物本质的能力。具有远见卓识,能把握方向、明确目标,对下属的迷茫之处予以开导,让他们拥有清晰可观的远景,从而获得他们的追随。

胜任其职,主要表现在要有专业技术、人际沟通和事物分析三方面的能力,本质上也是内在修养的外化。

鼓舞人心就要充满活力,对未来充满梦想和信念。在组织遇到困境时,领导者能够看到希望,充满信心地扭转乾坤。面临挑战,优秀的领导者不会因为惧怕而踌躇不前。用热情和乐观向上的情绪,感染周围的每一个人。

心理学与领导力

现实生活中，权力小、居于较低地位的群体成员常常感到来自权力大、地位高者施加给他们的压力，人们往往愿意听从权威者的意见，而忽视一般成员的观点。因此，作为领导者要善用自己的权力达到领导下属的目的。班子成员的选择表面上看是个用人问题，实际上却是对领导者价值观、领导水平、办事能力的侧面反映。好的队伍对领导威信的树立具有"锦上添花"的作用，因此，班子成员的选择不可不慎。掌握下属的期望，引导和满足下属的合理需求以及化解下属的矛盾，是提升威信的重要内容。

领导者运用权威效应，要善于借用权威这个工具树立自己的威信，要不失时机地利用自己的权威，发挥权威的正能量。我们要在恰当的时间、地点，利用恰当的事件树立领导者的威信，这是领导力艺术性的体现。熟悉《三国演义》的人都清楚，刘备"三顾茅庐"拜得诸葛亮为军师，并且多次提到得诸葛亮"如鱼得水"，而后关羽、张飞甚是不满、不服，还说"让大哥（刘备）拿水去抵抗曹操的大军"，但诸葛亮没有利用军师的权力逼迫关羽、张飞听命于他，而是通过"运筹帷幄之中，决胜千里之外"的周密部署，在火烧博望坡一战中展现其个人的能力，赢得了关、张二将的真心追随，一战而树立了威信。

领导者运用权威效应，还要善于用外界因素达到树立威信的目的。主要可用因素有：权力、地位、"搭班子"水平和下属的期望。善用外在因素是领导力修炼的辅助方面，对威信的树立具有重要作用。但要明白外在因素是内在修炼的延伸和反映，富有魅力的领导更多的是通过内在影响而获得追随，而非权力等外在的强制力。

【延伸阅读】

迷信则轻信，盲目必盲从。在现实生活中，"权威效应"普遍存在，如做广告时的权威代言、论证时的以权威言论为论据等。但权威效应从心理学上讲是一种依赖心理，对权威的依赖往往会演变成一种跟风心理，导致许多个体的行为都必须参照一套权威系统的指导，参考各种各样的指导意见，并找到行为的依据，而一旦离开这个系统，个体将会迷失。如许多人因"专家"说"碘盐能防核辐射"而疯抢食盐；许多老年人听从电视、书籍上"养生专家"的建议进行养生，却忽视了自己体质的特殊性；甚至一些人受邪教的欺骗而误入歧途。这些都是权威效应的不良后果，本质上是自我认知的扭曲，我们必须对此保持清醒的认识。

平时工作要谨言慎行
——提防"职位放大器效应"

夫子步亦步，夫子趋亦趋，夫子驰亦驰，夫子奔逸绝尘，而回瞠若乎后矣。

——《庄子·田子方》

心理学与领导力

【导读】

某一年夏天，国内一家大型管理咨询公司的创始人穿了T恤衫来公司，不久他就发现公司的很多中高层也穿上了T恤衫，而且一周后发现穿上T恤衫的人无一例外地像自己一样把领子立了起来。每次开周会，这种穿法就成为公司的一道风景线。

有一家公司的总裁有不分时间点工作的习惯，他就对自己的下属说，希望他们能一天24小时都对电子邮件有"快速反应"。让人吃惊的是，好几个下属开始把设好提醒声音的手机放在枕头边上，甚至还有的下属下载了叫醒软件设置闹钟，这样就能在半夜三点总裁发来电子邮件后第一时间予以回复。

身居高位的管理者的言谈举止将不可避免地影响下属，甚至影响一个组织的文化，而且因其所处的位置不同而产生不同的影响力，也就是说管理者会有影响力放大的效应，我们称之为"管理者影响力放大效应"，也称之为"职位放大器效应"。

【领导力修炼】

修炼领导力，提防"职位放大器效应"，避免下属亦步亦趋。

"职位放大器效应"是一种常见现象。当你就任一个高级职位时，下属往往会小心观察你的言行举止，由此做出正确或错误的理解。作为领导者必须意识到，领导是一种角色，而你始终处于这个角色之中，要确保自己释放出想要释放的资讯。

提防"职位放大器效应"，要尽量保持低调。一方面，领导者身在高位时，将成为众人的焦点，这种万众瞩目的地位要求领导者行事尽量低调。另一方面，领导者的高职位会让下属产生压力甚至惧意，他们的一言一行在下属眼里都会被放大，因此他们要低调行事。同时，领导者还要对自己的行为有所掌控，帮助自己发现盲点，避免自己的行为被错误放大。

要提防"职位放大器效应"，更要善用"职位放大器效应"。谨言慎行并不是不言不行，而是有选择地言行。聪明的领导者明白，"职位放大器效应"也是个潜在的激励工具。通过微妙地调整自己的言行举止等，来展现自己的决心意图，改变员工的行为方式，从放大效应中获益。比如：有的领导经常寻求员工回馈，经常和员工交流，并做出必要的改进；有的领导在办公室做创新历程容错展览，墙上的每一件展品都代表着曾经的过错，传递着教训；还有领导在办公室悬挂着"奋发图强""克己奉公"等牌匾。这都是在利用"职位放大器效应"。

【延伸阅读】

"职位放大器效应"在生活中有很多实例，中国有句古话"好事不出门，坏事传千里"，因为竞争的存在和人言可畏的缘故，某种程度上坏事更容易扩散，这种效应本质上和"蝴蝶效应"类似。

做事要有毅力
——临界点效应

持坚无术，末路蹉跎，行百里者半于九十，彪之谓也。

——《北史·韩麒麟等传论》

【导读】

临界点效应：冰在超过0℃之后就化成了水，水在超过100℃之后又变成了水蒸气。0℃是水和冰的临界点，100℃是液态水和水蒸气的临界点。

由此可见，临界点是发生质变的一个重要标志。在量变积累的过程中再坚持一点，达到了临界点，就可以得到完全不同的结果。这就是临界点效应。

【领导力修炼】

修炼领导力，做事就要有毅力，并且把握好临界点效应。

不管是爬山还是跑步，在某个时间段会感觉筋疲力尽，再也不想前进一步，但当我们咬紧牙关，坚持下去，会感觉腿也没有那么累了，呼吸也没有那么困难了，这就是我们日常感受到的临界点效应。作为领导者，有必要认知临界点的积极作用，并借此修炼我们的毅力。

第一章
做有魅力的领导者

马克思主义哲学告诉我们：前途是光明的，道路是曲折的。事物在发展过程中必然会经历对立力量的差异、矛盾、对抗和解决的阶段。矛盾双方发展到对抗阶段时，双方力量会此起彼伏、共消共长，总体上表现为事情困难加大，没有进展，发展停滞。因此，作为领导者首先要对困难有清醒的认识，停滞和胶着是事物发展的必然阶段，只是时间有长有短而已。自己所面对的困难正是自己存在的价值。

马云曾经说过："今天很残酷，明天更残酷，后天很美好，但大多数人都死在明天晚上，看不见后天的太阳。"在工作和事业中要想取得成功，需要我们有挺过临界点的勇气和坚持到底的耐力。爱因斯坦评价居里夫人的成功时说："一旦居里夫人认识到某一条道路是正确的，她就会毫不妥协并且极端顽强地走下去……"现实中很多领导者曾经在推进一项重点工作时展现了顽强的毅力，但往往忽视了很多"司空见惯"的困难。《孙子兵法》曰："备周则意怠，常见则不疑"，一些常见的事往往会造就我们思维上的盲点，令我们放松警惕以及放松了坚持。张瑞敏说过："成功就是能重复地做好每一件简单的事情。"我们不仅需要面对困难时的毅力，更需要面对平淡时的坚持。

坚持，意味着遍体鳞伤也决不放弃，意味着在到达临界点的时候咬紧牙关继续向前奔跑。

对待困难，从战略上要藐视它，但从战术上要重视它，要做个理智的勇者。作为领导者，首先要确保正确的努力方向，不犯"南辕北辙"的错误，其次还要对临界点有所把握，至少要把握临界点所在的大致范围，估量组织的能力，适时改变策略，有时候适当的退却是为了更好地进攻，这也是一种别样的坚守。

【延伸阅读】

临界点效应的本质可以和我们常说的把握事物的"度"相联系，临界点效应告诫我们的是要努力突破临界点，从而让事物产生质变。但现实生活中，并不是所有的事物都要求质变，而且有些质变是有害的。我们既要学会应用临界点效应，也要学会"斗而不破"，既合作又斗争，让事物的发展处在一定的限度内。因此，努力的前提是有正确的判断和选择，方向有时比努力更重要。

做好下属的标杆
——榜样效应

既然真理和坚贞均告徒劳，既然爱情、痛苦和理智的力量都不能将其说服，那么就让榜样作为警诫吧！

——乔·格兰维尔

【导读】

春秋时期，晋国有一名叫李离的狱官，他在审理一件案子时，由于听从了一面之词，致使一个人冤死。真相大白后，李离准备以

第一章
做有魅力的领导者

死赎罪。晋文公说:"官有贵贱,罚有轻重,况且这件案子主要错在下属,又不是你的罪过。"李离说:"我平常没有和下面的人说我们一起来当这个官,拿的俸禄也没有与下面的人一起分享。现在犯了错误,我又怎么能将责任推到下属身上。"他拒绝听从晋文公的劝说,伏剑而死。受李离这种精神的感染,他的后继者和下属也大多是勇于承担责任之人。

李离的故事至今仍被很多人熟知。从李离的这则故事中,我们深深地体会到,要想正人,先要正己,要想做事,先要做人,领导者要想管理好下属,自己首先需要以身作则,向下属做出示范,才能影响和激励下属。

【领导力修炼】

修炼领导力,就要做好下属的标杆,实践榜样效应。

在群体组织中,个体成员大多有一种要让自己认同于领导者品格特质的心理趋势,这种认同感会促使下属模仿领导者的行为。组织的文化往往就是领导者"性格"的外延,如果你严谨,员工也会严谨;如果你懈怠,员工也会跟着你懈怠。由领导者个人素质和表率作用产生的影响力,对雇员产生的心理影响和行为影响是基于自觉自愿、心悦诚服的。只有宽以待人,严于律己的人,才会使下属产生敬爱、钦佩的心理效应,从而对这样的领导者倾心拥戴并愿与之共谋大业。

目标相同、价值契合、行为相容是榜样效应实现的基本条件,三者是互为补充的。作为领导者,既要以身作则,以自身的实际行动为下属树立榜样，同时也要学会围绕组织目标，以榜样的力量影响下属，与下属之间产生良性互动。

作为一个领导者，要勇于担当，在员工中发挥表率的作用，使团队成员上下一心，提高团队整体的战斗力，做一个让员工敬佩的领导者。

【延伸阅读】

榜样的力量是强大的，激励下属学习榜样、宣传榜样、争当榜样、赶超榜样，能充分调动下属工作的积极性。作为领导者，在严于律己、以身作则的同时，要注意挖掘组织内的先进典型，尤其是下属队伍中的先进典型，树立榜样，宣传并表彰榜样，让下属认识到榜样离他们并不遥远，就在身边，只要他们努力，也能成为被别人学习宣传的榜样。

有激情的领导才能感染人
——杜利奥定理

天才是由于对事业的热爱而发展出来的，简直可以说，天才就其本质而论只不过是对事业和对工作过程的热爱而已。

——高尔基

第一章 做有魅力的领导者

【导读】

陪丈夫驻扎在沙漠里陆军基地的塞尔玛,孤单时写信向父母抱怨沙漠的艰苦环境,却收到了只有一句话的回复:两个人从牢中铁窗望出去,一个看到泥土,一个却看到星星。读完信后,塞尔玛开始和当地土著人交朋友,研究沙漠动植物,寻找百万年前的海螺壳……恶劣环境却变成让人留恋的奇景。其实一切都没变,变的是塞尔玛的心态。美国作家杜利奥提出,没有什么比失去热忱更使人觉得垂垂老矣。因为精神状态不佳,一切都将处于不佳状态。这就是著名的"杜利奥定理"。

亲爱的读者,在状态不佳时,您会感觉一切都不顺利吗?您是否有因改变心态,而让工作状态发生巨大改变的经历?

【领导力修炼】

修炼领导力,必须热爱自己所从事的事业,才能激发下属的工作热情。

心理学上有个著名的公式:心态决定思想,思想决定行为,行为决定习惯,习惯决定性格,性格决定命运。从某种程度上说,人与人之间的差异只是心态的差异,但这种差异往往对人造成了巨大的影响!

大多数人想改造世界,却罕有人想改造自己。当我们无法改变周围的环境时,可以改变我们自己。《道德经》中的"人法地,地法天,天法道,道法自然"本质上也是改变自己以适应道、遵循道。

只有改变自己，才会最终改变别人；只有改变自己，才可以最终改变属于自己的世界。从一定程度上说，领导者首先领导的是自己，领导自己的心，然后才是领导别人。领导力的修炼，本质上是心态的修炼。

作为领导者，要有积极的心态，就要有正向思维。《态度决定一切》这本书告诉我们一个极具价值的理念：成功来源于积极的思维。著名艺术家奥古斯特·罗丹说过，"世界不缺乏美，而是缺乏发现美的眼睛"。有些人总是羡慕别人的房子、车子、事业，对自己的生活则是不满、抱怨，最后生活搞得一团糟；有的人总是盯着对方的缺点，将业绩不佳的原因归结于此，对改变现状却无能为力。你的关注点不同，眼界就会不同，你的世界就会不同。我们常常忽视了自己和身边人的闪光点，片面地紧盯着消极的方面。积极的心态会转化成积极、自信的力量，这种力量又会迅速地感染周围的人，从而产生极大的动力。

作为领导者，要有积极的心态，就要有正向信念。拥有信念比拥有才能更重要。积极的态度是一种对信念执着的追求，有了坚定的信念，我们就能乐观地面对人生，直面挑战。拥有一时的工作热情很容易，想要拥有持久的工作热情却不容易，这就是为什么成功的人毕竟是少数，为什么财富只集中在少数人手中。为了自己的向往，整天只想着美好的愿景可不行。想真正拥有这美好的愿景，就必须有一个积极的态度，并付出行动。

作为领导者，要有积极的心态，就要有正向行动。好的想法只有通过行动才能实现，正确积极的行动能将积极的思维成果转化为现实的成果，给人以学识、给人以经验、给人以自信，强化积极的心态，为以后的生活、工作奠定坚实的基础。

【延伸阅读】

杜利奥定理告诉我们要有积极的心态，积极的心态对我们的成功有着非常重要的意义。但我们要明白，积极的心态一定要建立在尊重客观事实的基础上，盲目的积极自信就会变成自负，建立在片面理解基础上的乐观会演变成偏执，毕竟"偏听则暗，兼听则明"。所以，我们要全面客观地认识事物积极和消极的两个方面，在此基础上拥有正向思维、坚定正向信念、采取正向行动，最后达成积极的结果。

要勇于承认错误
——特里法则

人谁无过？过而能改，善莫大焉。

——《左传·宣公二年》

【导读】

2001年11月17日，TCL总裁李东生在"企业家理论与企业成长国际研讨会"上反思 TCL 六年成长中的"两大失误、五大不足"。"两大失误"是指多元化准备不足，战线拉得过长，真正形成有竞争力的行业不多，没有抓住国内通信产业的发展机遇。"五大不足"分别是综合规模实力不足、研发能力不足、国际经营管理经验的不足、营销能力不足、企业体制不足。但是，事隔不到两年，在中国通信市场上，TCL 已经成为中国移动通信制造商中位居前列的本土企业。这靠的是什么？就是勇于承认自己的错误并对症下药。

勇于承认自己的错误并对症下药，印证了心理学上的一个重要法则——特里法则。"特里法则"讲的是美国田纳西银行前总经理特里提出的一句管理名言：承认错误是一个人最大的力量源泉，因为正视错误的人将得到错误以外的东西。

【领导力修炼】

领导力修炼，源于内心的修炼，内心强大的人一定是一个能正确对待错误的人。

领导力修炼，要有对错误的正确认知。这个世界上错误是普遍存在的，它和真理是一对孪生姐妹，拒绝错误就是拒绝真理。我们没办法逃避错误，只有正视错误才是对待错误的最好态度，而且犯错误也是学习的机会。2014 年 9 月在美国上市的阿里巴巴以其强势的公关能力备受关注，阿里巴巴与许多公司的公关风格不同，大多数公司对待错误的方法都是喜欢藏着，等大家都说得差不多了，再出来收拾烂摊子。很多时候，企业的公关部门形同虚设。可是，

第一章
做有魅力的领导者

阿里巴巴大多数时候则是主动把问题说出来，主动把家丑爆出去，承认有问题，不回避问题，并且解决问题，将主动权掌握在自己的手中，争取到了话语权。

领导力修炼，要有从善如流的态度和行为。一个人能接受批评，就能从善如流，少犯错误。能做到虚怀若谷，在工作、学习、生活中就能少走弯路，少犯错误。长此以往，必将形成良性互动，正如"特里法则"所说的"你将得到错误以外的东西"。

领导力修炼，要有改正错误的实际行动。《论语·述而》曰："择其善者而从之，其不善者而改之"，对于"不善者"我们要予以改正。一般而言，在正确认知错误、主观上想改正错误的情况下往往有三种选择：临时性的办法、拖延性的办法和针对原因的解决办法。临时性的办法是针对错误的表象而产生的解决办法，但只能对错误的发展状况进行一定程度的缓解；拖延性的办法是根据错误的发展情况判断出目前不是解决问题的最佳节点，并暂时任其发展的办法；针对原因的解决办法是针对错误产生的原因着力化解改正错误的办法。三种方法要辩证用之，这也是"具体问题具体分析""对症下药"的应有之义。

领导力修炼，要力争不犯重复性错误。所谓的天才并不是不犯错误，而是同样的错误从不犯第二次。古人讲的"不二过"即是如此。摔倒了一次，爬起来，认识错误，总结错误，不要再让自己摔倒。

【延伸阅读】

　　勇于承认错误和改正错误是积极对待错误的认知行为，但这样的认识是远远不够的，因为这样的认知行为的前提是你犯了错误。当你在认识你所犯错误、改正你所犯错误的时候，许多千载难逢的机遇会已悄然溜走。许多错误是具有"多米诺骨牌效应"的，牵一发而动全身，而且有些错误是永远不能犯的。对我们而言，更好的做法是不犯或少犯错误，有了错误虽说可以改正，但毕竟认识错误、改正错误是有成本的。

控制自己的情绪
——踢猫效应

　　能控制好自己情绪的人，比能拿下一座城池的将军更伟大。

——拿破仑

【导读】

　　一天，老板骂了员工小王，小王很生气，回家和妻子吵了一架；妻子觉得窝火，正好儿子回家晚了，"啪"，她给了儿子一耳光；儿子捂着脸，看见自家的猫，就给了它狠狠的一脚；猫冲到外面的街上，正遇上街上的一辆车，司机为了避让猫，把旁边的一个小孩给轧死了。这就是心理学上"踢猫效应"的由来。

第一章
做有魅力的领导者

"踢猫效应"告诉人们：消极情绪的不适当发泄，会驱使当事人选择向下属或无法还击的弱者发泄，而这种发泄一般会沿着等级和强弱组成的社会关系链条依次传递，由金字塔尖一直扩散到最底层，无处发泄的最底层的那个弱者，则成为最终的受害者。"猫"是最弱小的群体，也是受气最多的群体。

【领导力修炼】

领导者首先要领导自己，只有领导好自己，才有可能更好地领导别人。领导力的修炼本质上是自我管理的修炼，其中情绪的管理是最重要的一环。

善于控制情绪要把握两个着力点：一是找到消极情绪的合理发泄方式，避免消极情绪的"踢猫效应"和"职位放大器效应"；二是要科学运用情绪管理，激发下属潜能，进而提高业绩。让我们看看下面的事例，定会给我们一些有益的启示。

[故事一]一天，陆军部长斯坦顿来到林肯那里，气呼呼地对他说，一位少将用侮辱的话指责他偏袒一些人。林肯建议斯坦顿写一封内容尖刻的信回敬那家伙。

"可以狠狠地骂他一顿。"林肯说。

斯坦顿立刻写了一封措辞强烈的信，然后拿给总统看。

"对了，对了。"林肯高声叫好，"要的就是这个！好好训他一顿，真写绝了，斯坦顿！"

但是，当斯坦顿把信叠好装进信封里时，林肯却叫住他，问道：

"你干什么？"

"寄出去呀。"斯坦顿有些摸不着头脑了。

"不要胡闹。"林肯大声说，"这封信不能发，快把它扔到炉子里去。凡是生气时写的信，我都是这么处理的。这封信写得好，写的时候你已经解了气，现在感觉好多了吧，那么就请你把它烧掉，再写第二封信吧。"

林肯排解消极情绪的方法看似简单，却很有效。当然，我们不必照葫芦画瓢，与这种方法趋同，我们可以找到适合自己的方法，因为"适合自己的才是最好的"。

[故事二] 美国成功企业 HomeDepot 公司曾提出一项十分别致的用人策略，即"所聘用的经营、管理人员,如在聘用一年内不闹'合理情绪'，将被企业解聘"。对此，该公司的副总裁斯蒂夫·麦塞纳认为，如果聘用的员工不闹一些"合理情绪"，则说明这个人没有创造性，更没有竞争力。一个平庸保守、安分守己的人，是不可能有建树的。最重要的是，一个不"闹"情绪的人，在竞争中丧失的机会要比捕捉到的机会多得多，对企业可能造成的损失将无法估量。这种鼓励带着情绪工作的用人策略，既表现出公司领导敢于承担责任的胸怀，也增加了员工们的工作信心，结果是 HomeDepot 不仅利润增长、员工权益在同行业中领先，而且高昂的士气还成为公司获得良好业绩的动力。

聪明的领导者能认识到，科学运用情绪管理可以激发下属潜能，从而激发下属的主动性、积极性和创造性。

【延伸阅读】

此篇中的"情绪",不仅仅是心理学上的情绪,还是管理学上的情绪。对于组织管理而言,情绪的收或者放是具有双向作用的,是向好的方向引导还是仅仅发泄自己的消极情绪,结果有天壤之别。控制情绪不仅要控制消极的不良情绪,同时还要发挥积极情绪的正向引导作用。因而,作为领导者,把自己的情绪升华到有利于个人、组织甚至是社会的高度,是一个明智的选择。

用自信去感染下属
——杜根定律

只有信之不疑,才能开花结果。

——佚名

【导读】

有一个人经常出差,总是买不到坐票。可是无论长途短途,无论车上多挤,他总能找到座位。他的办法其实很简单,就是相信一定有留给自己的空余位置,耐心地一节车厢一节车厢找过去。这个办法听上去似乎并不高明,却很管用。每一次,他都做好了从第一节车厢走到最后一节车厢的准备,可是每一次他都用不着走到最后,就会发现空位。他说,这是因为像他这样锲而不舍找座位的乘客实在不多。经常是在他落座的车厢里尚余若干座位，而在其他车厢的过道和车厢接头处，居然人满为患。

自信、执着、富有远见、勤于实践，会让你握有一张人生之旅的永远坐票。这恰好印证了美国橄榄球联合会前主席D.杜根的一个说法：强者未必是胜利者，胜利迟早属于有信心的人。这就是心理学上的"杜根定律"。

【领导力修炼】

自信就是一个人要足够相信自己，相信自己拥有足够的能力胜任自己肩负的任务。如果我们自己都不相信自己，那么其他人又为什么相信我们呢？

作为一个领导者，必须用自信去感染下属。如果领导者没有自信，团队就会士气低迷，下属就会无所适从。

修炼领导力，就要克服自卑的心理，增强自信。心理学家跟踪调查发现，一些领导者的自信往往会影响他们的业绩。自信的领导会在工作中制定一个比较高远的目标，并激发团队的信心和潜能来实现它。

俄国著名戏剧家斯坦尼斯拉夫斯基有一次在排演一出话剧的时候，女主角突然因故不能出演了，斯坦尼斯拉夫斯基无奈之下只好叫他的大姐来担任这个角色。他的大姐以前只是一个服装道具管理员，现在突然出演主角，便产生了自卑胆怯的心理，演得极差，引起了斯坦尼斯拉夫斯基的烦躁和不满。

第一章 做有魅力的领导者

一次，他突然停下排练，说："这场戏是全剧的关键，如果女主角仍然演得这样差，整个戏就不能再往下排了！"这时全场寂然，他的大姐久久没有说话。突然，她抬起头来说："排练！"她一扫之前的自卑、羞怯和拘谨，演得非常自信、真实。斯坦尼斯拉夫斯基高兴地说："我们又拥有了一位新的表演艺术家。"

这是一个发人深省的故事，为什么同一个人前后有天壤之别呢？这就是自卑与自信的差异。作为领导者更要深知这其中的奥妙。

对于领导者而言，无论在什么时候都要相信自己具有实现目标的能力，这不仅关乎自己的潜能发挥，同时能实现现有资源的有效整合，带动下属发挥最大的效力。除此之外，自信还能让处于困境的领导者顺利摆脱不利的处境。

修炼领导力，就要建立积极的心态，增强自信。一个人胜任一件事，85%取决于态度，15%取决于智力。因此，积极的心态是获得自信的前提。

十几岁的桑德斯经常为自己犯过的错误自怨自艾。一天早上，全班同学到了科学实验室，老师保罗·布兰德威尔博士把一瓶牛奶放在桌子边上，过了一会儿，布兰德威尔博士突然站了起来，一巴掌把那瓶牛奶打碎在水槽里，同时大声说道："不要为打翻的牛奶而哭泣。"然后，他对大家说，"我希望大家能一辈子记住这一课，这瓶牛奶已经没有了，无论你怎么着急，怎么抱怨，都没有办法再挽回一滴。但是只要预先用一点心，加以预防，那瓶牛奶就可以保住。可是现在已经太迟了，现在所能做到的是把它忘掉，关注下一件事。"

不要为过去的事情自怨自艾、消沉低迷，而是要积极地去面对下一件事情，只有这样我们才能建立坚定的信念，拥有获得下一个胜利的信心。

作为领导者，在做一份工作前，必须以健康积极的心态分析利弊、明确优势，并相信自己一定能够克服困难，只有这样才能激发下属必胜的信念。

修炼领导力，就要勇敢地面对失败，增强自信。失败是我们每个人都会遇到的事情，失败并不可怕，最可怕的是面对失败时失去了坚持下去的信心。

俗话说，人生不如意事十之八九。当我们身处逆境时，要学会坦然面对，更要有顽强战斗的精神。战争年代，我党我军历经艰难险阻，随时都有被消灭的危险，但是党的领导人没有退却，更没有被吓倒，而是勇敢地面对敌人的围追堵截，一次次成功地突围，最终带领人民群众取得了最后的胜利，建立了新中国。

作为领导者，要拥有充分的自信，能够承受各种考验、挫折和失败。同时，有自信的心态才能够带领下属战胜恐惧，克服困难，取得成功。

【延伸阅读】

"杜根定律"给我们的启示是作为领导者要有强大的自信，但是自信还有一个对立面，就是自负。

作为领导者，如果过高地估计自己，就极容易产生骄傲自满、目中无人的心态，就不能与下属和谐相处，更别提调动下属的积极性和热情了，这样对工作的开展有害而无利了。

可见，修炼领导力必须把握好自信与自负的分水岭，切不可狂妄自大。

第二章

做懂沟通的领导者
——有效沟通让领导了解员工

心理学与领导力

与员工平等地交流
——位差效应

下之情莫不愿达于上，上之情莫不求知于下，然而民恒苦上之难达，上恒苦下之难知，若是者何？九弊不去故也。

——《资治通鉴·唐纪》

【导读】

美国加利福尼亚州立大学的学者对企业内部沟通问题进行研究后发现，来自领导层的信息只有20%～25%被下级知道并正确理解，而从下到上反馈的信息不超过10%，平行交流的效率则可达到90%以上。这说明沟通存在位差造成的障碍，心理学上由此提出了"沟通的位差效应"。

这个研究结论表明了沟通有效性的实现需要建立在心理平等的前提下。要做到这一点，就要做到"以人为本"。一个企业要实现高效运转，就要让企业充满生机和活力，而要做到这一点则有赖于下情能为上知，上意迅速下达，还有赖于部门之间互通信息，同甘共苦，协同作战。因此，有效的沟通渠道是必需的。

沃尔玛公司的员工都被称领导者称作"伙伴"，而不是雇员。创始人沃尔顿本人会经常到基层，倾听员工的心声，他认为许多好的

第二章 做懂沟通的领导者

主意来自店员和仓库的搬运工，所以认真地与员工交流这一点是极其重要的。

沃尔玛公司一再强调倾听基层员工意见的重要性，即使如今公司规模不断扩大，也是如此。在公司内，沃尔玛实行门户开放的政策，即任何时间、地点，任何员工都有机会发言，都可以以口头或书面形式与管理人员乃至总裁进行沟通，提出自己的建议和关心的事情，包括申诉自己受到的不公平待遇。

打破上下级之间的等级壁垒，尽可能地实现平等交流。在沃尔玛，这一信条得到了完美的体现。

【领导力修炼】

因上下级双方处在直接或间接的隶属关系之中，各自的权限和地位是不平衡的，因而必然形成了一种习惯性的"心理定式"，在心理上存在不平等。上级容易产生"主导地位"的归属感，表现出居高临下的心理状态；下级却容易产生"服从地位"的归属感，相应存在自轻或戒备的心理压力。

修炼领导力，就要避免官僚主义、夸夸其谈和妄自尊大，并且杜绝下属的阿谀逢迎、谨小慎微和欺上瞒下的心理与行为。

作为领导者，怎么才能够做到让员工愿意把企业当作自己的家园，愿意与你真诚地沟通和交流，这是必须思考的问题，也是领导者取得成功的关键所在。

很多领导者认为，员工对企业的贡献度取决于他们工资的多少，其实不然，因为员工为了多拿工资可以卖"力"工作，却不会用"心"工作。如果卖力工作但方向错了，反而会给企业带来更大的损失，而用心工作的优点在于员工宁可自己损失，也不会让自己的"家"——企业蒙受损失。

作为领导者，怎样才能够做到上下和谐、上行下知呢？实行"以人为本"的管理机制是最有效的方法。领导者既要研究公司的业务经营，还必须研究公司中的"人"，真正做到以人为本，关心员工的困难、思想和情绪，把员工当成自己的伙伴，让员工在心理上感觉到一种地位上的平等。

作为领导者，怎么才能做到以员工为本呢？这取决于领导者的自身素质。要放下虚荣心，勇于承担责任，自己率先垂范，以身作则。俗话说，打铁还需自身硬。领导者必须放下官架子，摒弃夸夸其谈的习惯，做到勤走动、多实践、爱员工，重视提高自身的素质，以自身的言行、力量去影响、感染员工，并带动员工的工作激情和积极性。

修炼领导力，还要预防沟通不畅带来的负面影响，要广开沟通和交流渠道，去除组织成员间信息和情感沟通的障碍。

作为领导者，在沟通和交流的过程中，应尽最大努力获取第一手的材料，即原始信息，少用或不用经过各职位层次传输过来的信息。为了避免"位差效应"带来的危险，要多了解反面的信息，要在自己身边保留一些持不同意见者。从主观上讲，应努力坚持走"群众路线"，注重实际和调查研究，既主张允许下属报喜，更提倡和鼓励下属报忧，并着力支持和保护那些敢讲真话的人。

作为领导者，要有积极的沟通意识，并不断地拓展与疏通沟通渠道。比如，员工可以书面形式对公司各方面提出改善的建议，全面参与公司的管理；可以对问题进行评论、建议或投诉；领导者定期召开座谈会，当场答复员工提出的问题，并在规定的时限内对有关问题的处理结果予以反馈；另外，可以召开高级管理人员与员工的沟通对话会，向广大员工代表介绍公司的经营状况、重大政策等。这些工作做好了，"民恒苦上之难达，上恒苦下之难知"的情况也就可以最大限度避免了。

【延伸阅读】

"位差效应"告诉我们，有效的沟通是建立在平等的基础之上。但是在上下级之间，位差实际存在，平等如何实现？

其实人生而平等，所谓"位差"只是工作中角色的划分，但是我们经常会在潜意识中自动给自己划分了等级，结果把我们本就存在的平等沟通的基础破坏了，沟通的障碍也就随之产生了。

回过头来看，有些"位差"真的存在吗？现实中的许多"位差"并不是客观存在的，只是人们惯性的思考和行为产生的心理上的、自认为的势差。如一些反社会型案件中，一个自认为的失意者、失败者在残酷的社会竞争中遭到了压迫，或想象自己遭到了压迫，加之社会阶层的固化以及向上进步时面临的遥远"位差"，心理上已经活不下去，于是拖着别人一起结束生命。这是个危险的信号，也是需要我们深思的一个问题。

如果"位差"不存在,那么我们的"位差效应"又如何解释?也许只能从心理角度寻找根源了。根据笔者的理解,如果人类真的进步到彻底摆脱"位差效应"的时候,人与人之间的沟通将会是多么酣畅淋漓,"位差效应"将不会存在于我们脑海中。

给沟通加点润滑剂
——幽默效应

幽默是生活波涛中的救生圈。

——拉布

【导读】

语文课上,老师正在认真讲课,紧挨着讲台的一名女生却在埋头做着数学作业。老师发现后停顿了一下,那位做着作业的女生似乎意识到了什么,抬起头来,正与老师的目光相遇。她等待着一场暴风雨的"洗礼"。孰料,语文老师只是微笑着问了一句:"是不是觉得最危险的地方最安全?"同学们都笑了,那位女生亦为之赧然。她随即收好书本,注意力也更加集中了。一堂课便如同一支轻音乐,在经历了一个短暂的休止符之后,又轻快地流淌起来了。

当老师的大多遇到过诸如此类的"偶发事件",处理方法却各有不同。上述故事中的老师用幽默的方法，避免了师生双方心理上可能有的尴尬和局促。

在心理学中，幽默效应是一种防御机制。而在日常交际中，不可避免地会出现困难或尴尬的场景，这时候，幽默就成了最好的润滑剂，我们可以通过一些诙谐的手段，摆脱尴尬的境地，得到自我的解脱，同时给周围的人营造出和谐美好的气氛。

事实上，好的领导者更要懂得幽默。因为幽默不仅可以消融人与人间的戒备防范心理，更是一种灵巧、一种机智、一种对常规的超越。

【领导力修炼】

在与他人沟通中，制造幽默会在很大程度上提升你的魅力。人都喜欢与幽默的人相处，在西方，没有幽默感的人，个人魅力会有所降低。

据美国相关研究机构对1160名管理者的调查显示：77%的人在员工会议上以讲笑话来打破僵局；52%的人认为幽默有助于其开展业务；50%的人认为企业应该考虑聘请一名"幽默顾问"来帮助员工放松；39%的人提倡在员工中开怀大笑。

从管理的角度来看，幽默感作为领导者的一种人格魅力，运用得恰到好处时能够激励下属，使之在欢快的氛围中工作，同时也会调动他们的工作积极性，提升他们的工作效率。

随着科技的发展以及社会竞争的加剧，各行各业的员工随时都面临着被淘汰的压力，管理员工的情绪也就成为社会和企业需要重视的问题。如何保持下属的工作激情和工作士气，同时又能激发他们的创造性和"突破桎梏的思维"，显得比任何时候都更加重要。

曾经有人说："拥有才智、诚实和力量固然不错，但当今你需要的是魅力。"因此，在与下属的沟通中，幽默可以帮助你带动他们发挥个人能力。

修炼领导力，在工作中用幽默的方式来减轻压力，从而避免消极情绪造成的不利影响。人生在世，就得苦中作乐，这是心理学与传统文化的一条基本法则。

作为领导者，比普通员工承受着更大的工作压力，就得为这个组织的正常运转负责，为组织里每一个成员的饭碗负责。身负重任，自然就会与不同的环境中不同的人进行工作沟通，当然难免会遇到一些麻烦，不顺心的时候也会更多一些，心理上承受的压力自然就会更大。这时候就需要有一个良好的心态，用自嘲的方式来调整自己，用轻松的心态来应对。

美国一位体态丰满的女政治家在竞选演讲中自我解嘲："有一次我穿上白色的泳装在大海里游泳，结果引来了某国的轰炸机，他们以为发现了美国的军舰。"结果在笑声中，选民反不以其肥胖为意，使她在竞选中处于优势。

可见，幽默能使紧张的气氛变得轻松，也能使劣势变成优势。

第二章 做懂沟通的领导者

【延伸阅读】

虽然幽默是一种创造性的沟通技巧，然而它并不是随时随地可以应用的万能法则，在工作生活中，要使用幽默打破沟通的僵局时，我们更要学会随机应变，依据沟通交流的对象、刹那间的氛围和当时所处的环境而定。当然，幽默效应的发挥，也是需要一些技巧的。

幽默需要恰当的时机。在不合适的时间，一个看似轻松幽默的玩笑会伤害他人。比如，在一个正式的会议上，当你的下属在发言时，你突然冒出一句逗人的话，也许大家被你的幽默逗笑了，但发言的那位下属心理可能已经受到了伤害，他会认为你不尊重他，或者在有意取笑他，或者是对他的发言根本就不感兴趣。

幽默也要高雅脱俗才好。作为领导，在下属的面前要避免粗俗与轻浮，更不要在正式的场合表现得尴尬和不雅，否则自己的公众形象就会遭到破坏。如果当时的条件并不具备，也无须勉强幽默，否则会令彼此陷入更尴尬的境地中。

批评下属也要有限度
——超限效应

今议防堵者，莫不曰："御诸内河不若御诸海口；御诸海口不若御诸外洋。"不知此适得其反也。

——魏源《筹海篇·议守上》

心理学与领导力

【导读】

马克·吐温有一次听牧师演讲,最初感觉牧师讲得很好,打算捐款;10分钟后,牧师还没讲完,他不耐烦了,决定只捐些零钱;又过了10分钟,牧师还没有讲完,他决定不捐了。在牧师终于结束演讲开始募捐时,过于气愤的马克·吐温不仅分文未捐,还从盘子里拿了2元钱。

这种刺激过多、过强或作用时间过久,而引起对方心理烦躁或逆反的现象,就是心理学上的"超限效应"。

在这里,超限效应反映了讲话者在表达时不注意方式方法,没有很好地把握"度",同时没有换位思考对方的感受,而是完全以自我为中心。

【领导力修炼】

修炼领导力,批评下属时一定要做到有的放矢,而不是无端苛责。当下属没有按要求完成工作,或者他的工作没有逻辑性,让人无法理解时,领导者的应对方式不同,得到的结果有天壤之别。

作为领导,如果这时对下属劈头盖脸地一顿臭骂,之后简单地要求他返工,而没有向其提供任何指导和帮助,下属既不知道自己错在哪里,又在情感上遭受到了打击。可想而知,此后下属也根本不可能达到要求。

成功的领导者应明白自己批评下属时,最根本的目的是"消除过失,而保护个人",即纠正员工的不当行为,避免攻击他的人格缺陷及他的个人价值。因此,有效批评的第一个原则就是"指责行为,尊重个人"。所以,批评下属时首先要明白下属的问题出在哪里,对他提出严肃批评,再给予指导,这样才会取得事半功倍的效果。

修炼领导力,批评下属时就要把握好"度",切不可适得其反。

德谟克利特说过:"过度的时候,最适宜的东西也会变成最不适宜的东西。"这实际上告诉了我们一个哲理,就是做任何事情都要注意把握"度",适度则成,过度或者不及都不成。

在一个制造企业里,每次生产会议上,厂长都会将生产看板敲得震天响,对着底下的一群干部一通指责:为什么优良率没有达标?为什么工单没有结案?为什么那么多的员工违章操作?为什么车间环境那么脏乱?还能不能干啊,干不了就走人,等等,这样的问题讲个没完。下面的员工全都耷拉着脑袋,思绪不知在哪里游荡,他们对这种批评早就产生了免疫力。

领导者在批评下属的时候,要把握好"度",因为下属是一个有思想、有情感的活生生的人。而批评能否取得预期的效果,在于对方能否从中感知到自己的错误,受到启发。关键是下属的个人主观感受。如果他的感受是"消极的""被否定的""被贬低的",那么只会收获相反的结果——敌对、反感,甚至无视领导批评。

修炼领导力,批评下属时要学会运用"互惠定律"。希望别人做好的同时，首先考虑自己是否做得足够好，是否让对方满意。领导者要想管好下属，必须以身作则。必要的行为约束、批评是不可避免的，甚至是必需的，但是在严格要求下属的同时，还要做到勇于替下属承担责任，而且要事事率先垂范、严格要求自己，做到"己所不欲，勿施于人"。

【延伸阅读】

"超限效应"告诉我们：在批评中要做到适可而止，不能让对方产生反感和敌对的情绪，特别是作为领导者，要想让下属去做自己想让他们做的事情，而且要保证他们非常乐意去做，在批评下属时，把握适度原则更显得尤为重要。

其实在我们的生活中，凡事都需要有一个度，即圣贤所提倡的"中庸"。凡事过犹不及，我们做事也好，说话也好，都需要有一个分寸，这个分寸就是"度"。当把握好这个度时，自己的言谈举止都将是非常得体的；如果超过了这个度，就等于失去了分寸，不但事情办不好，还会落一个贻笑大方的下场。

然而，针对这个"度"，其实也没有什么统一的标准。这个"度"是随地点、时间、对象的转变而随机变换的。在这一场合，自己的举止符合这个"度"，但如果换了另外一个场合，同样的举止就可能违背了这个"度"。要想真正把握好这个"度"，就必须学会随机应变，权宜处置。

批评中要有赞美
——肥皂水效应

人性深处最深切的渴望,就是渴望别人赞美。

——莎士比亚

【导读】

约翰·卡尔文·柯立芝于1923年成为美国总统,他的一位女秘书外貌虽好,工作中却常因粗心而出错。一天早晨,柯立芝看见秘书走进办公室,便对她说:"今天你穿的这身衣服真漂亮,正适合你这样漂亮的小姐。"这句话出自柯立芝口中,简直让女秘书受宠若惊。柯立芝接着说:"但也不要骄傲,我相信你同样能把公文处理得像你一样漂亮。"果然从那天起,女秘书在处理公文时很少出错了。一位朋友知道了这件事后,便问柯立芝:"这个方法很妙,你是怎么想出的?"柯立芝说:"这很简单,你见过理发师给人刮胡子吗?他要先给人涂些肥皂水,为什么呀?就是为了刮起来使人不觉得痛。"

这就是心理学上著名的"肥皂水效应"。生活中,我们都不容易接受批评,遭到批评时常常会产生抵触的消极情绪,进而把这种情绪带到工作中,产生负面效应。

【领导力修炼】

作为领导者，批评下属的时候要记得赞美，但是仅仅依靠赞美是远远不够的，还必须让赞美真正发挥它的功效，才能够符合赞美的本意，才能实现批评的目的。

生活中我们比较喜欢听到赞美和表扬，这样会让我们更加自信和有激情，对工作也会更加投入和努力。"肥皂水效应"也是有边际的，这个边际就是面对的问题是非原则性、非重大错误时，方可适当使用这个管理法则。或者说，在日常的管理中，面对下属平常的缺点、失误以及小错误的时候，领导者应该更多地采取正面鼓励的方式，这样就可以把批评的约束功能转化为赞美的激励功能。

修炼领导力，赞美要实事求是，有感而发，切忌无中生有。当下属在工作中出现问题时，领导者要对真实情况进行梳理，弄明白其中正确的部分，理出问题的根源，对其合理、恰当、正确的部分给予真诚的赞美，然后就势提出对存在的问题的看法和意见。

林清玄在做记者时，曾对一个小偷这样描述道："像心思如此细密、手法如此巧妙、风格这样独特的小偷，又是这么斯文且有气质。如果不做小偷，他做任何一行都会有所成就的！"20年后，当年的小偷早已是台湾地区几家著名羊肉炉店的老板，并跻身当地的上流社会。原来，小偷在一个偶然的机会读到了那篇报道，从此，他脱胎换骨，重新做人，终于画出了一道亮丽的生命轨迹。

第二章 做懂沟通的领导者

试想，如果没有林清玄的坦诚却又不经意的报道，手法细腻的小偷就可能变成惯偷甚至江洋大盗，怎么会成为一个有益于社会的人呢？

虽然"肥皂水效应"提示我们在提出批评时，要给予对方一定的赞美，但是绝对不是让我们凭空捏造事实，如对着一个矮子却夸奖他高大威猛，这样做反而会弄巧成拙。

修炼领导力，赞美要讲究方式方法，切忌简单地吹捧。每个人与生俱来的特质不同，接受事物的方式也就不同，面对相同的赞美，内心里激荡起来的涟漪也不尽相同。

林肯总统对待贻误战机、导致南北战争又拖延了几年的弥特将军，首先肯定其是一个睿智善战的军人，并在提出批评时说"有些事，我对你并不十分满意"，这刚好维护了一个坚强自信的将军的自尊。

如果方法不对，赞美之词不能够恰如其分地表达，那些接受表扬的下属会把这种赞美变成自傲和目空一切的资本，还会滋生出莫名的优越感，结果赞美也就失去了意义。

修炼领导力，赞美要把握时机，恰到好处。当发现对方有值得赞美的地方，就要善于及时提出赞美，千万不要错过机会，赞美是有有效期的，过期作废。

一名保龄球队员一球打倒了7只瓶，教练对他说："很好！打倒了7只。"队员听了教练的赞扬很受鼓舞，心里想，下次一定再加把劲，把剩下的3只也打倒。结果这个队员把10只瓶都打倒了。

及时地鼓励和赞美，顺势而为，就会产生一种加速度的作用力。就像是一个正在上坡的人，如果给他喊加油，就相当于向前拉他一把，可以让他更容易越过陡坡。一个成功的领导者，会满足下属的这种心理需求，以积极的鼓励为主，通过鼓励来激发下属的创造精神，帮助下属解决困难。

【延伸阅读】

"肥皂水效应"给我们的启示是，批评中要有赞美，否定对方的一个行为之前，首先要说明他的动机是值得肯定的。从心理学的角度讲，批评者要充分考虑被批评者的心理承受能力，从而实现批评的本意。

其实在很多时候，我们完全可以通过赞美、肯定和期望来代替批评与指责，这时可以利用与"肥皂水效应"相辅相成的另一个心理学现象——"皮格马利翁效应"。

"皮格马利翁效应"的启示：赞美、信任和期待具有一种能量，它能改变人的行为。当一个人获得另一个人的信任、赞美时，他便感觉拥有了自我价值，获得了一种积极向上的动力，会尽力达到对方的期待，以避免让对方失望。把这方法运用到管理中，就要求领导对下属要投入感情、希望和特别的引导，使下属得以发挥自身的主动性、积极性和创造性。

第二章 做懂沟通的领导者

要了解员工的内心需求
——坎特法则

经营企业就是要经营人，经营人首先要尊重人。

——张瑞敏

【导读】

德国领导力学院院长丹尼尔·皮诺作为德国"系统领导力"理论的开创者认为，领导力最重要的一点是让自己的员工能够得到发展，并且最大限度地发挥他们自己的潜力。员工成长了，企业也就成长了。领导者必须尊重员工，就像员工尊重自己一样。领导别人等于爱别人。每个人都有感觉，他会给以反馈。而这个反馈对企业来说潜力巨大。

皮诺的"系统领导力"理论正好印证了心理学上的一个著名原理——"坎特法则"（提出者为哈佛商学院教授罗莎贝斯·莫斯·坎特）。尊重员工是人性化管理的必然要求，是回报率最高的感情投资。尊重员工是领导者应该具备的基本职业素养，而且尊重员工本身就是获得员工尊重的一种重要途径。

【领导力修炼】

有一年，上海电视台《有话大家说》栏目请爱玛客中国公司上海分公司的几名员工到节目的现场做访谈。主持人问了一个问题："上海有一些下岗工人宁愿待在家里领几百元的补贴，也不愿意到医院里做清洁、搬运等工作，为什么你们在上海能招到这么多下岗工人？"一位一线员工回答："当人们问我们为什么宁愿待在家里也不愿意干这些工作的时候，他们应当先问问自己——他们为我们提供了什么？"

作为领导者，当我们的身边总是不能够聚集人才的时候，我们的下属总是在抱怨的时候，我们是不是应该找找问题所在，搞清楚对方的内心需求呢？其实很简单，我们需要给下属一个最基本的尊重，给他们一个私人的空间，让他们有一种被重视的感觉。

修炼领导力，要从加强自身的修养开始，做到真正尊重下属。在实际工作中，常常听到有的领导抱怨下属要求太多，叹息这个世道人不好管，究其原因，其实领导者自己应该负主要的责任。人都是有感情的，不是只知道执行命令的机器。俗话说，"你敬我一尺，我敬你一丈"。作为领导者，要时常问问自己，有没有尊重自己的下属。"尊重"这个词听起来容易，做到却很难。"尊重"是一种很高的修养，是由里而外透射出的高尚人格，而这种人格是需要长期修炼积累的，是否具有这种人格衡量一个领导者成功与否的重要标准之一。

一个成功的人一定是有修养的人，是值得别人交往和追随的人。目前，社会上有一种不正确的认识，认为只要有钱，就是成功者。这是很危险的思想，是物欲横流的结果，到头来必将害了自己。我

第二章
做懂沟通的领导者

们要修炼领导力,就要重树成功的标准。特别是领导者,要以对社会贡献的价值大小作为是否成功的标准。领导者要不断地加强自身的修养,提高吸纳人才的素质,创建人才成长的良好工作环境,才能使自己的身边人才济济。

组织是由大家组合而成的,管理者与员工在人格上应该是平等的,只是在工作上扮演的角色不同而已,大家都是工作伙伴。

作为领导者,我们不能贪功推责,要懂得随时肯定下属做出的成绩。美国的富兰克林说过:"人总是向被肯定的方向求发展。"丘吉尔也说过:"你想一个人具备怎样的优点,就怎样去赞美他。"所以在工作中,要尽量以建议来代替批评,充分尊重下属的心理感受,效果会比较好。

另外,还要尊重下属的私人空间。其实,领导者不要一味要求下属有着和自己同等的工作热情,身为管理者当然要以身作则,树立典范,甚至要公而忘私,但是以身作则并不代表要以此暗示员工,要求他们做到自己所"示范"的每一项标准。大部分员工希望上班的时候享受工作,而下班之后享受家庭的温馨。所以,尊重下属的个人生活空间,是领导者在管理中需要恪守的一条法则。

修炼领导力,尊重下属,就要充分地信任他们。很多领导者非常关心放权的问题,对此,皮诺的"系统领导力"给出了解决方法。皮诺认为:首先领导者要给下属画一个圈,在这个圈里每个人的工作责任要列出明确内容,让下属明白圈子的边界在哪里。领导者必须要搞清楚哪些是员工负责的,哪些是自己要做的,即明确监理责任。还要给下属创造宽松的工作环境，相信他并给予他足够的资源、帮助和支持。

领导者无须时刻对下属灌输所谓的敬业奉献精神，也不用害怕他们自己管理不好自己。尊重下属就是让他们学会自己对工作负责，自己主动承担责任，提高自我管理的水平。在尊重的基础上，他们将沿着依赖——独立——互赖的发展过程有序地发展，最终满足自我实现的欲求，进而实现团队合作，共谋发展。

【延伸阅读】

"坎特法则"可以说是建立在人性需要的基础上。根据马斯洛需求层次理论，把人的需要划分为生理上的需要、安全上的需要、情感和归属的需要、尊重的需要、自我实现的需要五个层次，其中尊重是一种较高层次的需要，领导者满足了下属的需要，下属自然会满足领导者的需要。尊重下属不仅是搞好管理的一种重要途径，也是领导者自身修养的体现。

善于疏导才能避免灾难
——避雷针效应

善战者，因其势而利导之。

——《史记·孙子吴起列传》

第二章
做懂沟通的领导者

【导读】

某国的外交官在该国参加加入世贸组织的谈判时曾选过一位秘书。该人性格大大咧咧，从来不会照顾人，对时间也没有概念，与外交官一起出国，甚至不清楚日程安排。其他人对此非常疑惑，为什么外交官会选他当秘书呢？因为外交官当时谈判的压力非常大，所以每次他回到房间后，其他人都不愿到他的房间里来，唯有那位秘书，每次不敲门就大大咧咧走进来，坐到外交官的房间就跷起腿，说他今天听到什么了，还说外交官某句话讲得不一定对，等等。他还经常出一些奇怪的主意，有时候被外交官骂得一塌糊涂，但之后他又回来给外交官提意见。

解决矛盾的最好方法不是回避和压制，而是找到矛盾的根源并对症下药，化解矛盾。虽然这位秘书对很多事情不敏感，但他是个世贸专家，他以自己的专业知识帮助外交官梳理谈判策略，为加入世贸的道路清理淤泥，避免走弯路。而且，他大大咧咧的性格正好充当了情绪波动的外交官的"出气筒"，疏导了外交官心中累积的压力，而他本人又压根不放在心上。

上述故事中体现了心理学上的一个效应：避雷针效应。在高大建筑物顶端安装一个金属棒，用金属线把这根金属棒与埋在地下的一块金属板连接起来，利用金属的导电性，使云层所带的电被大地带的电直接中和，从而保护建筑物等免受雷击。

心理学与领导力

【领导力修炼】

　　从心理学的角度讲，在日常生活及管理实践中，我们也可以运用避雷针原理解决沟通中遇到的障碍，避免矛盾的产生和激化。

　　在管理实践中，如何解决下属的不满情绪、心理抵触以及思想问题，这给领导者提出了新的挑战。在社会生活水平快速提高、各种流行文化思潮涌变的形势下，领导者应当如何准确地把握下属的思想变化以及这种变化所导致的不满和抵触情绪？很显然，领导者只有找出隐藏在其中的不和谐因素，从而有效地进行疏导，才能有针对性地化解矛盾，构筑一道防患未然的坚实堤坝。

　　修炼领导力，要建立不良情绪的疏导渠道，关心下属的身心健康，有效缓解下属的心理负荷。工作中谁都有遇到问题而无所适从的时候，谁都有心情低落而郁闷烦躁的时候，谁都有由于压力而感到压迫憋闷的时候。作为领导者，要帮组织成员解决好这些心理上的困惑和情绪上的起伏，避免消极情绪的累积。

　　但是怎样才能有效地解决这些问题呢？针对人们心理上的不良反应，善疏善导是最佳策略。建立不良情绪疏导渠道，给大家提供一个宣泄的途径。

　　避雷针本质上是一根金属棒，是一个导体，是连接正负电荷的桥梁，它的作用是疏导大气云端的电与地面的电，进行正负电荷的中和。试想，如果避雷针是一根木棒，它还能将云端的电与地面的电进行正负电荷的中和吗？显然，答案是否定的。运用避雷针效应的关键就是找到"避雷针"，因势利导，切不可盲目地疏通。对个人而言，"一把钥匙开一把锁"，具体问题具体分析，不能一刀切。对群体而言，重在建立不良情绪的疏导渠道。一般来说，可以从以下几个方面着手：

一是成立心理疏导咨询室。坚持实事求是，从个案的实际出发，通过专业的心理咨询师帮助求助者打开自己的心门，走出自己压抑、焦躁、不安的心理困境，提高他们的心理素质，保障他们的心理健康。

二是设立娱乐健身的场所。如修建一些可以陶冶性情的艺术类兴趣爱好的场所，购置一些练习琴棋书画、唱歌跳舞的工具设备。艺术类活动能给人创造宣泄情感的空间，既能培养兴趣，又能抒发情感。还可以组织一些身体锻炼方面的活动，如健身、打球、深层放松练习、按摩等。想象着坏情绪像球一样被打出去，或者随着汗水挥洒出去，就会感到身心舒畅。

三是提供休闲旅游的机会。度假旅游能让身心放松，休闲就是要在一种"无所事事"的境界中达到积极的放松状态。因此，在紧张工作后到心仪的地方度假，或游泳，或阅读，或徜徉于海滨，或漫步于森林草原，或置身于温煦的阳光下，使身心彻底放松。

另外，修炼领导力，要建立一个良好的制度，为下属提供一个好的工作平台，调动他们工作的积极性，激发他们的创造力，有效避免消极情绪的负面影响。这才是疏导下属情绪，突破其心理症结，解决矛盾以及促进集体和谐的根本举措。

索尼公司董事长盛田昭夫一天晚上发现一名年轻职工郁郁寡欢，满腹心事，闷头吃饭，谁也不理。于是，他主动坐在了这名员工的对面，与他攀谈后得知，这名员工毕业于东京大学，进入索尼公司是他的梦想，但是，现在他发现自己不是在为索尼公司工作，而是在为课长干活。他所有的行动与建议都得经过课长的批准，他的一些小发明与改进，课长不仅不支持，还挖苦他"癞蛤蟆想吃天鹅肉"，并说他有个人野心。

这番话令盛田昭夫十分震惊，他想，类似的问题在公司内部员工中恐怕经常出现，他认为管理者应该关心他们的苦恼，了解他们的处境，不能堵塞他们的上进之路，于是他产生了改革人事管理制度的想法。之后，索尼公司开始每周出版一期内部小报，刊登公司各部门的"求人广告"，广告上写着员工可以自由而秘密地前去应聘，他们的上司无权阻止。另外，索尼公司原则上每隔两年就让员工调换一次工作，特别是对于那些精力旺盛、干劲十足的员工，不是让他们被动地等待工作，而是主动地给他们施展自己才能的机会。在索尼公司实行内部招聘制度以后，有能力的人才大多能找到自己较中意的岗位，而且人力资源部门可以发现那些"流出"人才的部门的上司在管理中所存在的问题。

索尼公司通过人事管理制度的改革，开辟了员工发挥自身才能的通道，打通了堵塞他们上进之路的关节，有效地避免了优秀人才的流失。

【延伸阅读】

"避雷针效应"的寓意是：善疏则通，能导必安，是告诫我们要善疏而不是堵。"避雷针效应"重在疏导，巧却在"善"字上，这一个"善"字难倒了很多领导者，因为这里牵涉对不良情绪的界定、方法的选择、时机的把握等问题，这些问题都有赖于管理者本人的实践和经验总结。

懂得倾听才能有效沟通
——威尔德定理

人际沟通始于聆听，终于回答。

——L.威尔德

【导读】

曾经有个小国的使者到中国来，进贡了三个一模一样的金人，同时出了一道题目：这三个金人哪个最有价值？皇帝想了许多办法，请来珠宝匠检查，称重量，看工艺，结果都差不多。怎么办？使者还等着回去汇报呢。泱泱大国，不会连这点小事都不懂吧！最后，一位退位的老大臣说他有办法。皇帝将使者请到大殿，老臣胸有成竹地拿着三根稻草，插入第一个金人的耳朵里，稻草从另一边的耳朵出来了；第二个金人的稻草从嘴巴里直接掉出来；而第三个金人的稻草进去后掉进了肚子里,什么响动也没有。老臣说:"第三个金人最有价值!"

这个故事告诉我们,善于倾听,是成熟的人最基本的素质。同时,这个故事也从侧面很好地诠释了"威尔德定理"。

【领导力修炼】

"威尔德定理"强调人际沟通中聆听的重要性,而在人际沟通中,上下级之间的沟通又是最难达到和谐的,阻碍上下级沟通的最大障碍则是领导者的居高临下。聆听是集中精力并且虔诚而认真地听取,带有尊敬的色彩。倾听指细心地听取,表示中性的感情色彩,就是凭借听觉器官接受言语信息,进而通过思维活动达到认知、理解的全过程。

作为领导者,怎样才能与下属进行有效的沟通呢?最好的办法就是领导者自己放低姿态,倾下身子,用耳朵和心听。

修炼领导力,倾听不仅要用耳,更要用心。不但要听懂对方通过言语所表达出来的东西,还要听出对方在交谈中所省略的和没有表达出来的内容或隐含的意思,甚至是对方自己都不了解的潜意识。

北京大学心理治疗课程的徐浩渊博士认为,倾听者不是机械地"竖起耳朵",在听的过程中脑子要转,不但要跟上倾诉者的故事、思想内涵,还要跟得上对方的情感深度,在适当的时机提问、解释,使得沟通能够步步深入下去。

第二章
做懂沟通的领导者

作为领导者，在倾听下属的心声时，更需要用心。俗话说，以心交心，领导者只要真正用心，下属也会用心来回报你。

修炼领导力，倾听时要体察对方的感觉，注意反馈。体察对方话语背后的情感，并表示理解和接受；还要注意信息反馈，及时验证自己是否准确地理解了对方的意思，一旦确定就要提供实际的帮助和建议。

伯牙弹琴，弹到描绘高山的段落时，听琴的钟子期就说："善哉！峨峨兮若泰山。"弹到描绘流水的段落时，钟子期就说："善哉！洋洋兮若江河。"钟子期听懂了伯牙的音乐。因为懂得倾听，世上便有了这一段有关知音的千古佳话。

在管理实践中，如果下属在工作中有自己独到的见解和想法，而又苦于没有知音，无法在实践中施展自己的才干，作为领导，应该给他提供一个表达的平台，并善于倾听他的意见。这样既帮助下属实现了自己的价值，又会让团队工作成绩斐然，这种双赢岂不是一个美谈？

修炼领导力，倾听时要尊重对方，不打断对方的话，不走神打盹，也不以自我为中心。尊重对方是需要实际行动的，而不是敷衍了事，一味应付。

乔·吉拉德被誉为当今世界最伟大的推销员，回忆往事时，他常讲述令其终生难忘的故事。在一次推销中，乔·吉拉德与客户洽谈顺利，就要签约成交时，对方却突然变了卦——快进笼子的鸟飞走了。当天晚上，按照顾客留下的地址，乔·吉拉德找上门去求教。客户见他满脸真诚，就实话实说："你的失败是由于你没有自始至终听我讲的话。就在我准备签约前，我提到我的独生子即将上大学，还提到他的运动成绩和他将来的抱负。我是以他为荣的，但是你当时没有做出任何反应，还转过头去和别人讲电话，我一恼就改变主意了！"此番话重重提醒了乔·吉拉德，使他领悟到"听"的重要性，让他认识到如果不能自始至终倾听对方讲话的内容，认同顾客的心理感受，就会失去自己的顾客。

在管理实践中，如果下属来找领导者反映情况，或者表达他对工作中的一些问题的不满，领导者就要态度真诚地倾听。如果只是为了应付，随便伸出一只耳朵，脑子里却在想着其他事情，那么接下来可能会让工作陷入困境。

【延伸阅读】

"威尔德定理"强调了沟通始于聆听，终于回答。而无论是领导者还是一般人，对于他们还有一个十分重要的问题，那就是倾听自己的内心。这本是领导力修炼的重要内容，单独放在此处以示强调。倾听自己的内心不仅是认识世界、认识自己，平衡内心与外在矛盾的需要，更是人际沟通的高层次修炼。和别人沟通，首先要和自己沟通，并且与别人沟通的成果取决于和自己沟通的成果。

第二章 做懂沟通的领导者

为员工建立畅通的宣泄渠道
——霍桑效应

最使人疲惫的往往不是道路的遥远，而是你心中的郁闷；最使人颓废的往往不是前途的坎坷，而是你自信的丧失。

——佚名

【导读】

"霍桑效应"指由于受到额外的关注而引起绩效或努力程度上升的情况，也就是所谓的"宣泄效应"。

"霍桑效应"的发现来自一次失败的管理研究。美国芝加哥郊外的霍桑工厂，是一个制造电话交换机的工厂。这个工厂具有较完善的娱乐设施、医疗制度和养老金制度等，但员工们仍愤愤不平，生产状况也很不理想。为探求原因，1924年11月，美国国家研究委员会组织了一个由心理学家等各方面的专家参加的研究小组，在该工厂开展了一系列的试验研究。这一系列试验研究的中心课题是生产效率与工作的物质条件之间的关系。试验研究中有一个"谈话试验"，即用两年多的时间，专家们找工人进行个别谈话两万余人次，并规定在谈话过程中，要耐心倾听工人们对厂方的各种意见和不满，并做详细记录，对工人的不满意见不准反驳和训斥。

心理学与领导力

这一"谈话试验"收到了意想不到的结果：霍桑工厂的产量大幅度提高。这是由于工人长期以来对工厂的各种管理制度和方法有诸多不满，无处发泄，"谈话试验"使他们的这些不满都发泄出来，从而感到心情舒畅，干劲倍增。

社会心理学家将这种奇妙的现象称为"霍桑效应"。

【领导力修炼】

如果说"威尔德定理"强调的是在管理实践中领导者要学会倾听，那么"霍桑效应"则强调的是在管理实践中，领导者要学会"倾听"下属的不满，给下属提供一个合理畅通的宣泄渠道。

在管理实践中，作为领导者如何应用"霍桑效应"提升自己的领导力，提高团队的工作效率，最后实现目标呢？

霍桑效应包括两个内容：一是让员工将自己心中的不满发泄出来；二是由于受到额外的关注而引起绩效或努力程度的上升。

修炼领导力，就要为下属提供畅通的宣泄渠道，发泄他们的不满，缓解他们的压力。

美国《读者文摘》中提过这样一个故事：一天深夜，一位医生突然接到一个陌生女士打来的电话，对方的第一句话就是"我恨透他了！""他是谁？"医生问。"他是我的丈夫！"医生感到奇怪，于是礼貌地告诉她："你打错电话了。"但是，这位女士好像没听见似的，继续说个不停，"……我一天到晚照顾四个小孩，他还以为我在家里享福。有时候我想出去散散心，他却不肯，而他自己天天晚上出去，说是有应酬，谁会相信……"尽管这中间医生一再打断她的话，告诉她，自己并不认识她，但是对方还是坚持把自己的话说完。最后，她对这位素不相识的医生说："您当然不认识我，可是这些话已被我压在心底多时了，现在我终于说了出来，舒服多了，谢谢您，对不起，打扰您了。"

这位女士给陌生的医生打电话来发泄自己对丈夫的不满，一吐为快后她心中已经释然。可见，她只是缺少一个宣泄的出口，并不在乎接电话的人是谁。

在我们的工作生活中，谁都可能成为故事中的女士，自己不满的也许并不是领导，也不是薪酬，或许与工作完全无关，但是自己的心里承受着某些压力，需要将它们释放出去。

作为领导，我们有责任关心下属的身心健康，有责任帮助他们释放压力，恢复工作热情。那么，提供一个畅通的宣泄渠道就是我们需要做的事情。

松下公司为了让员工宣泄压力，每家分公司都有专门的吸烟室，室内放着主管的人体模型，员工们可以用竹竿任意地抽打他，来宣泄内心的不满。压力得到了宣泄，换来的是员工高涨的工作热情。

同样，我们也可以为下属提供诸如此类的吸烟室、棋牌室、音乐室或者当下比较流行的剥洋葱游戏等，总之是一个合理畅通的宣泄渠道即可。

修炼领导力，就要增加对下属的关注，提升他们的工作自信和对工作的满意度。

其实，当人们心中存在不满而无处宣泄的时候，我们可以帮助他们将不满直接宣泄出来，也可以消除他们的抱怨。而消除他们抱怨的最好方式就是增加对他们的关注，给予他们应有的肯定。

在霍桑工厂的实验中，他们选定了继电器车间的6名女工作为观察对象，当这6名女工被抽出来成为一组的时候，她们就意识到了自己是特殊的群体，是这些专家一直关心的对象。这种受注意的感觉使得她们加倍努力工作，以证明自己是优秀的，是值得被关注的。

人们由于受到额外的关注而引起绩效或努力程度上升。也正是因为这样，在管理实践中，领导如果能够给予下属特别的关注，让下属感觉到自己是被领导肯定和赞赏的，那么他就会更努力、更认真地去做事，从而产生更好的工作效果。

【延伸阅读】

"霍桑效应"告诉我们，对于压力，宣泄是最好的办法。但是我们需要了解，"霍桑效应"是在霍桑工厂具有较完善的娱乐设施、医疗制度和养老金制度等优越的工作条件下发挥它的作用的。也就是说，如果企业里的其他条件一无是处，只靠提供宣泄通道是不能解决问题的。

因为尽管刺激因素确实能够将生产效率提高到一定程度，但是任何刺激因素的作用都不是无限的，它总有效用饱和的那一刻。所以，不能够完全指望霍桑效应提高生产效率，还应该辅以其他技术性办法，如工作再设计、工作范围扩大以及培育学习型组织等。

第三章

做懂激励的领导者
——巧妙激励让员工提升士气

心理学与领导力

让员工把自己当成主人
——麦克莱兰定理

优秀的管理者不会让员工觉得他在管人。

——佚名

【导读】

麦克莱兰经过大量的深入研究发现：从根本上影响个人绩效的并非人们通常所认为的智商、技能或经验，而是诸如"成就动机""人际理解""团队影响力"等一些可以被称为资质的东西。成就的需要是权利的需要、归属的需要等需要环节中的一个重要内容。这就是麦克莱兰定理。

麦克莱兰定理告诉我们，必要的时候，为自己的员工贴上一张权力的标签，可以极大地提升他们的工作热情与主人翁意识，而且许多时候它所产生的效果是其他激励方式所不能产生的。

【领导力修炼】

让员工把自己当作主人，倡导的是全身心地奉献和忘我地投入，激发员工的凝聚力和创造力，唤起员工的自豪感和使命感，使员工自觉地与组织同呼吸、共命运。

"职位放大器效应"告诉我们，组织中领导者的言行会被组织成员放大并层层传递，因此，让员工把自己当作主人，首先要求领导者提高自己的主人翁意识，要让员工拥有什么样的思想，有什么样的意识，那么管理者首先就要有这些思想和意识。领导者的一言一行都深深刻在每个下属的脑海里。

麦克莱兰定理告诉我们，让员工把自己当成主人，要统一组织的远大目标。创造企业文化与管理制度共同完善的美好景象，是管理成功与否的一个重要标志。马云说："不能统一人的思想，但可以统一人的目标。"他结合自己的管理实践这样解释说："千万不要相信你能统一人的思想，那是不可能的，30%的人永远不可能相信你。不要让你的同事为你干活，而让他们为我们的共同目标干活。团结在一个共同的目标下，要比团结在一个人的周围容易得多。"

作为领导者，要在实践的基础上制定切实可行的目标。目标太大、太远，容易让员工感到空洞和迷茫，在实践过程中逐步丧失实现目标的信心。要注意把大目标分解成阶段性的目标，层层落实到每个员工的身上，并给员工分配相应的权力，贴上权力的标签，让员工在实现目标的过程中展现自我，体现自身的价值，从而在价值观、实践层面上认同组织，归属组织。

作为领导者，要不断强化组织和个人的目标。在实践的基础上领悟，员工就有了最直接的感受，从而让员工把自己当成主人，还要通过实践的不断锤炼，加深对组织的认同和归属。一是通过学习感悟或者实践领悟，不断强化目标，让员工每天都明确自己的行动方向，通过大目标的参照，做出有利于组织目标的取舍；二是让员工在一次次的强化过程中，加深对组织的价值观、目标的认同，进而在情感和实践上把自己看作组织中的一员。

麦克莱兰定理告诉我们，让员工把自己当成主人，要让员工有参加决策的权利。"管理就是决策"是美国著名管理学家赫伯特·西蒙（Herbert Simon）的一句名言。管理就是决策，这一定义切中了管理的要害。让员工参加决策，首先蕴含的意义就是组织对员工的肯定和信任，这是一种责任和使命，这样员工就会更容易对组织产生信任。实行民主决策，让员工感受民主化的管理气息，增强主人翁意识。员工通过参加决策认识到组织每一个决策的背景情况、形成过程、风险控制等，形成对全局的把握，进而发挥自己的特长，为企业发展尽职尽责，做出贡献。掌舵联想集团27年之久的"中国IT教父"柳传志每次和下属谈完话后都会问："请问你是一眼看到底了吗？"他强调的就是让员工从战略层面对整体情况进行了解、从战术层面对全局进行把控。

麦克莱兰定理告诉我们，让员工把自己当成主人，要有"以人为本"的管理思想。实施人性化的管理，充分利用激励机制，尊重员工的主人翁地位，发挥员工的积极性和创造性。管理的出发点要从组织和员工的长远利益考虑，要让员工从内心深处认识到科学管理是企业发展势在必行的，并形成奖励先进，鞭策后进，同时打击违规行为的运行态势。要创造条件让员工尽职尽责地完成自己的本职工作，同时尽可能地担当起应有的责任，让每个人都能全身心地投入工作中来。让他在工作中确有所得，感受到的是实现自我价值，而不仅仅是完成任务。

麦克莱兰定理告诉我们，让员工把自己当成主人，要让员工感受到组织以外的归属感。这种归属感主要从人际理解、家庭归属和团队影响等层面体现。而且要在工作上为员工搭建提高素质、发挥才能的广阔舞台，促使员工团结努力，共同向上；在制度上要为他们畅通参与企业经营管理的渠道；在待遇上切实保障他们的合法权益；在生活上多为他们提供温馨的人文关怀，让员工从个人、家庭、社会等方面认同组织。

【延伸阅读】

有德无才是君子，有才无德是小人，既无德又无才是庸人。德在一个组织中的体现就是职业道德，职业道德之首要就是爱岗敬业。何来爱，又何来敬？其实，这本质上是一个员工自发的情感表达，是自我对组织的认同感和归属感。领导力的修炼不只是个人人格的修炼，同时也是一个组织的核心修炼，试想，一个没有共同目标的组织何来统一的价值观和归属感？一个没有统一价值观和归属感的组织如何增强凝聚力？一个没有凝聚力的组织就是一盘散沙。

引入竞争激发员工活力
——鲇鱼效应

> 竞争似乎是不协调的因素，但它实际上是使社会一切组成部分联合起来的可靠纽带。
>
> ——杜诺欧

【导读】

挪威人喜欢吃沙丁鱼，尤其是活的沙丁鱼。市场上活鱼的价格要比死鱼高许多。所以，渔民总是千方百计地想办法让沙丁鱼能活着到渔港。可是经过种种努力，绝大部分沙丁鱼还是在中途因窒息而死亡。而有一条渔船却总能让大部分沙丁鱼活着回到渔港。不过，船长严格保守着秘密。直到船长去世，谜底才揭开。原来船长在装满沙丁鱼的鱼槽里放进了一条鲇鱼。鲇鱼进入鱼槽后，由于环境陌生，便四处游动。沙丁鱼见了鲇鱼十分紧张，左冲右突，四处躲避，加速游动。这样沙丁鱼缺氧的问题就迎刃而解，沙丁鱼也就不会死了。如此一来，一条条活蹦乱跳的沙丁鱼就顺利到了渔港。这就是著名的"鲇鱼效应"的由来。

鲇鱼效应是指采取一种手段或措施，刺激一些企业或员工活跃起来，积极参与竞争，从而激发企业或员工的活力。其实质是一种负激励，却是激活员工队伍之奥秘所在。

第三章 做懂激励的领导者

【领导力修炼】

当一个组织的工作达到较稳定的状态时,就缺乏活力与新鲜感,容易产生惰性,这意味着员工的工作积极性降低。"一团和气"的集体不一定是一个高效率的集体,这时候"鲇鱼效应"将起到很好的"医疗"作用。"鲇鱼效应"告诉我们,制造一些紧张气氛,让员工有压力和紧迫感,为了更好地生存发展下去,惧者必然会比其他人更用功。适当的竞争犹如催化剂,可以最大限度地激发员工的潜力。

领导者要运用"鲇鱼效应",首先要对本组织的形势有较为准确的把握。并不是任何组织都适合引入"鲇鱼",只有在人员、工作内容等长期固定,造成组织缺乏活力与新鲜感,要激发组织或员工积极性的情况下,才适合引入"鲇鱼",并打破现有的平衡,造成势差,从而引起竞争,激发企业和员工的活力。我们还要清楚,"鲇鱼"的引入时机的选择,"鲇鱼"在组织中的安排等情形会打破原有的平衡,造成一定程度的"不和谐"。原有组织成员能否接纳、"鲇鱼"能否适应、领导者能否平衡好新旧人员等问题,领导者必须根据实际情况进行具体分析和综合决策。

领导者要运用"鲇鱼效应",关键是要使用好"鲇鱼型"人才。作为领导者,要思考以下几个关键性问题:

1. 需要什么样的"鲇鱼型"人才?

"鲇鱼型"人才有不同的指向内容,可以是领导者,也可以是团队中的一员,抑或是其他工作岗位的工作人员。不同的"鲇鱼型"

人才对组织的作用是不同的，各有利弊，需要权衡用之。

2. 如何引入"鲶鱼型"人才，是外界引入还是内部培养？

主要考量"鲶鱼型"人才的引入对团队产生的影响，这涉及"鲶鱼型"人才的适应能力、沙丁鱼的接纳程度和二者之间能否产生良性的互动，进而促进团队的活力。

3. 领导者自身对"鲶鱼型"人才的创新举动和冒险行为能否给予足够的支持，能否接纳"鲶鱼型"人才的另类行为？

"鲶鱼型"人才首先代表的是不同，以其创新的举措、有别于当前组织的行为为主要表现特征，甚至有"另类""桀骜不驯"等标签。领导者能否在工作上给予其足够的支持以及在生活中给予接纳，直接影响到"鲶鱼型"人才作用的发挥和团队的重新塑造。

4. 能否把控沙丁鱼对鲶鱼的合围，避免鲶鱼随时间推移被淹没或同化的可能性？

沙丁鱼就象征着一个同质性极强的群体，他们的技能水平相似，缺乏创新和主动性，并且人浮于事、效率低下，形成固化的工作状态。"鲶鱼型"人才稀少而紧缺，异化而另类的工作行为能否在为数众多的沙丁鱼中保持独立性，并与团队进行良好的沟通，也是值得领导者关注的重要问题。

5. "鲶鱼型"人才的保护和退出机制。

"鲶鱼型"人才是原有组织的另类成员，但组织具有很强的同化作用，当组织无法淹没或同化"鲶鱼型"人才时，就会采取孤立、打击等办法，剥夺"鲶鱼型"人才的立足和发展空间。因此，保护

"鲇鱼型"人才是领导者必须考虑的内容。在必要的时候,还要让"鲇鱼型"人才安全退出。

【延伸阅读】

历史上有很多"鲇鱼型"的人才,但最后大部分没有落得好下场,因为他们是一般组织中的另类,势单力薄,而且往往得罪了很多人,那些人会联合起来将他打压下去。"鲇鱼型"的人才也要具备自我保护意识。

把员工当成朋友
——蓝斯登法则

弟兄和睦同居,是何等的善,是何等的美!

——《圣经·诗篇》第133篇

【导读】

亨氏公司是美国一家有世界级影响力的食品公司,它的分公司和食品工厂遍及世界各地,年销售额在60亿美元以上,其创办者就是亨利·海因茨。亨氏公司能取得这样的成功,与亨利注重在公司内营造融洽的工作气氛有着密切的关系。当时,管理学泰斗泰勒的科学管理方法盛极一时。在这种科学管理方法中,员工被假设为"经济人",他们唯一的工作动力就是物质奖励。在这种管理方法中,业主、管理者与员工的关系是森严的,也毫无情感可言。但是,亨利不认为应该这样。在他看来,金钱固然能促进员工努力工作,但快乐的工作环境对员工的工作促进更大。于是,他从自己做起,率先在公司内部打破了业主与员工等级森严的关系。他经常到员工中间去,与他们聊天,了解他们对工作的想法,了解他们的生活困难,并不时地鼓励他们。亨利每到一个地方,那个地方就谈笑风生,其乐融融。员工们都很喜欢他,工作起来也特别卖力。

有一次,他外出旅行,但不久就回来了,这让员工们很纳闷。于是,有个员工就走上前去追问原因。亨利略带失望地说:"你们不在,我感觉没意思!"接着,他安排几名员工在工厂中央摆放了一个大玻璃箱——在这个玻璃箱里,有一条巨大的短吻鳄。亨利面带微笑地说:"怎么样,这家伙看起来很好玩吧!"当时,如此巨大的短吻鳄并不容易见到。围拢过来的员工们在惊愕之余,都高叫着好玩。亨利接着说道:"我的旅行虽然短暂,但这是我最难忘的记忆!我把它买回来,是希望你们能与我共享快乐!"

上面这个故事是蓝斯登法则的一个极好例证,蓝斯登法则告诉我们这样一个原理:给员工创造快乐的工作环境,使他们面对领导时,像跟一位朋友一起工作,这远比在威严之下工作有趣。

第三章
做懂激励的领导者

【领导力修炼】

"不要把员工当成下属,而要把他们当成朋友。"员工是创造企业财富的宝贵资源,若一个组织的成员都能像朋友一样平等沟通,员工对公司、对待自己的工作才会像对待自己的事业一样,而不是抱着给别人打工的心态。要学习上面故事中亨利把员工当成朋友、与员工苦乐共享的风度和做法,给员工们创造一个融洽快乐的工作环境。

把员工当成朋友,要清晰界定工作和人际交往的界限。领导者是组织的领导,核心是推动工作。在大部分情况下,与员工进行平等的沟通和交流,更有利于增强员工的归属感,发挥员工的主动性和创造性。但在一些沟通工作的场合,一般要求树立权威,强调执行的无条件性和达到目标的严肃性;在某些特殊情况下,还需要强力手段来稳住人心,发挥领导者主心骨和强制力的作用,增强组织的凝聚力,达成工作目标。因此,清晰界定工作和人际交往的界限,是践行蓝斯登法则的第一步。

把员工当成朋友,领导者要努力克服"位差效应"。在传统的管理学中,则是强调领导的权威。把员工当朋友,首先领导者要自己把自己从领导者的"高位"上解放出来,收起像"板凳"一样的脸。多去员工工作的地方与员工进行平等的沟通,多增加与员工乐趣的分享和价值观的趋同。只有领导者自己先解放出来,员工才会从原先对领导者固有的认识中解脱出来进而取得组织价值观的认同,达成良性的互动。

把员工当朋友,就要努力营造良好的工作氛围。要为员工创造良好的工作条件、良性的工作运行机制、轻松的人际氛围和有益的业余生活。良好的工作条件、体现人性关怀的工作流程设计和和谐的工作环境设计能够使员工保持愉悦的心情;建立良性的工作机制,能疏通上下平等的沟通渠道,实现新老员工的"传帮带";轻松的人际氛围可以使员工忘记工作的单调和疲倦;有益的业余生活和有趣的娱乐活动设计能够使员工在享受快乐中产生企业认同感,学到新的知识并改善员工之间的关系。

把员工当朋友,要准确把握对朋友的认识。真正的朋友会对对方诚实、忠诚以及为对方着想。他们会互相帮助,如聆听对方的烦恼和给予对方有效的建议。对于大部分人而言,朋友是能够信任的伙伴,也是可以在困境中向自己伸出援手的天使。只有朋友才会在有困难时,牺牲自己给予帮助。作为领导者,把员工当朋友就要保护好员工。客户不一定永远是对的,在客户无礼的时候,应该设身处地为员工着想,礼貌而不失风度地拒绝客户,保护员工。在员工遇到困难时,要给予人性化的关怀,帮助员工渡过难关。

【延伸阅读】

把员工当朋友对领导者而言,是希望通过灵活人际关系,获得员工对组织的认同感,进而提高工作效率,达到目标。当然,作为领导者,工作中保持一定权威也是必要的。而对员工而言,若领导把你当朋友，你便认为这样就可以跟领导没有任何距离地交往的话，是不现实的，还可能给自己带来麻烦。

给员工制定一个高目标
——吉格勒定理

古之立大事者，不惟有超世之才，亦必有坚忍不拔之志。

——苏轼

【导读】

有个人经过一个建筑工地，问那里的石匠们在做什么，三个石匠给出了不同的答案。

第一个石匠回答："我在做养家糊口的事，混口饭吃。"

第二个石匠回答："我在做整个国家最出色的石匠的工作。"

第三个石匠回答："我在建造一座大教堂。"

三个石匠的回答反映出了三种不同的目标，第一个石匠说自己做石匠是为了养家糊口，这是个短期目标导向的人，只考虑自己的生理需求，没有大的抱负；第二个石匠说自己做石匠是为了成为全国最出色的匠人，这是个职能思维导向的人，做工作时只考虑自己的本职工作，只考虑自己要成为什么样的人，很少考虑组织的要求；而第三个石匠的回答说出了目标的真谛，这是个经营思维导向的人，这个人思考目标的时候会把自己的工作和组织的目标相联系，从组织价值的角度看待自己的发展，这样的员工才会获得更大的发展。

美国行为学家J.吉格勒提出，设定一个高目标就等于达到了目标的一部分。吉格勒定理告诉我们，气魄大方可成大，起点高才能至高。不管一个人有多么超群的能力，如果缺少一个内心认定的高远目标，他终将一事无成。

【领导力修炼】

吉格勒定理告诉我们，要设置一个高目标。三国时的诸葛亮用其自身的政治军事实践经验告诫后人"志当存高远"。每一个渴望成功的人，都应立大志，才能成大事。一个组织也要设法给员工制定高目标。

心中怀有一个远大的目标，意味着从一开始就知道自己的目的地在哪里以及自己现在在哪里。朝着自己的目标前进，至少可以肯定，自己迈出的每一步的方向都是正确的。心中始终怀有最终目标，会让自己逐渐形成一种良好的工作方法，养成一种理性的判断模式和工作习惯。如果从一开始心中便明确了自己的目标，就会具备与众不同的眼界。有了一个远大的奋斗目标，人生也就成功了一半。如果目标模糊，就会思想苍白、格调低下，生活质量也就趋于低劣；反之，生活则多姿多彩，乐趣无限。所以，作为领导者，要给员工制定一个远大的目标。

给员工制定一个远大的目标，要吃透"上下两情"。所谓"上下两情"，上情就是组织的远大目标。美国心理学家洛克（E.A.Locke）于1967年最先提出了"目标设置理论"，目标有两个最基本的属性：明确度和难度。作为领导者必须对行业全局的现状和发展趋势有比较清醒的认识，进而选定战略发展目标，并对目标内涵和难度进行客观性的描述，给人以清晰的远景，而非"水中月""镜中花"。下情就是员工达到目标的意愿和能力。在给员工制定高目标时，每个小目标要统一于组织的大目标，并对每个员工实现所定高目标的愿望、努力程度和能力进行评估，制定合适的、较高标准的目标。

给员工制定一个高目标，要善于"授之以渔"。领导者要善于激励员工自我设定高目标，根据目标设定的理论，我们将制定目标的过程浓缩为七步：

第一步：设定目标。把想要达成的目标用非常明确的语言写出来。

第二步：制定期限。给所写下来的每个目标设定一个时间期限。

第三步：风险评估。自己最担心的是什么？自己最没有把握的是什么？自己和要达成的目标之间可能会遇到的最大问题和障碍是什么？

第四步：明确所需的资源。自己需要得到哪些人、哪些机构、哪些资源的支持？需要与哪些人合作？同时，他们在帮助你达成目标的时候，能够得到什么好处？

第五步：优劣势分析。明确自己还需要学习并掌握哪些额外的技能、哪些关键的知识？

第六步：做成方案。把前面的五个步骤的答案做成一个行动方案。把要采取的每一个步骤都写成一张清单，按照重要程度区分先后顺序，给每个行动步骤写下时间期限，要经常拿出来看看自己下一步要做什么。

第七步：马上行动。根据自己的计划采取行动，至少马上采取一项行动。

【延伸阅读】

给员工制定一个高目标，或让员工自己制定一个高目标，让员工体验追求目标的成就感，激励员工去执行。作为领导者要清醒地认识到，这样做是有前提条件的。笔者认为，重要前提条件有两个，一是领导要为员工做好"后勤工作"，给员工实现既定目标的人力、物力和财力支持，既要授责，又要授权；二是领导要及时掌握目标的进展情况，用大目标作为参照，评判小目标的进度情况，掌握员工在达到目标过程中遇到的困难，以便适时跟踪、帮助、调整。

第三章 做懂激励的领导者

鼓励下属对成就感的追求
——马蝇效应

有所成就是人生唯一的真正的乐趣。

——爱迪生

【导读】

林肯在少年时期和他的兄弟在肯塔基老家的一个农场里犁玉米地，林肯吆马，他兄弟扶犁。那匹马慢慢腾腾，走走停停的。可是有一段时间，马走得飞快。林肯感到奇怪，到了地头，他发现有一只很大的马蝇叮在马的身上，他就把马蝇打落了。看到马蝇被打落了，他兄弟抱怨说："哎呀，你为什么要打掉它，正是那家伙使马跑起来的！"没有马蝇叮咬，马慢慢腾腾，走走停停；有马蝇叮咬，马不敢怠慢，跑得飞快。这就是马蝇效应。

马蝇效应给我们的启示是：一个人只有被叮着咬着，他才不敢松懈，才会努力拼搏，不断进步。

【领导力修炼】

马蝇效应本质上是一种激励效应。激励包括正向激励和逆向激励。对于员工，要想让他们安心、卖力地工作，就一定要有能激励他的东西。这种激励因素就是那只马蝇。作为一个管理者，最大的成就在于构建并统率一个具备各种不同的专业知识及特殊技能的、具有强大战斗力与高度协作精神的团队，不断挑战更高的工作目标，不断创造更高的绩效。

GE公司原总裁韦尔奇先生对于管理的理解是：要勤于给花草施肥浇水，如果他们茁壮成长，就会有一个美丽的花园；如果他们不成材，就把它们剪掉，这就是管理者需要做的事情。

马蝇效应启示我们，善用正向激励，促进员工对目标的追求。激励说易则易，因为人都有欲求，满足其欲求的东西就是激励；说难也难，因为人的欲求是千差万别的。有的人可能更看重精神上的需求，如荣誉、尊重、价值等；有的人可能更看重物质上的东西，如金钱等。针对不同的人，用不同的方式去激励他，才能收到激励的最大成效。若管理者能找到合适的激励因素，就能让能力突出的员工卖力地工作。

马斯洛需求层次理论（Maslow's hierarchy of needs）亦称"基本需求层次理论"，是行为科学的基础理论之一，由美国心理学家亚伯拉罕·马斯洛于1943年在题为《人类激励理论》的论文中提出。该理论把人的需求划分为生理上的需要、安全上的需要、情感和归属的需要、尊重的需要、自我实现的需要五个层次。该理论常被现代企业应用到员工激励方法当中。作为一个组织的领导者，在管理实践中，可以针对五个不同层次的需求，采取以下措施：

1. 增加工资、改善工作条件、给予员工更多的业余时间，提高福利待遇。

2. 强调规章制度、职业保障、福利待遇，给勤奋上进的年轻员工提供不断晋升的机会。

3. 提供同事间的社交往来机会，支持与赞许员工寻求及建立和谐温馨的人际关系，开展有组织的体育比赛和集体聚会。

4. 公开奖励和表扬优秀员工，强调工作任务的艰巨性以及成功所需要的高超技巧，颁发荣誉奖章。在公司刊物上发表文章表扬、公布优秀员工光荣榜。

5. 设计工作时运用合理的策略，给有特长的人委派特别任务，赋予员工更多的责任和权利，在设计工作和执行计划时为下级留有余地。

马蝇效应启示我们，要正确进行负向激励，迫使员工自我加压。在非洲的大草原上，这样的事每天都在发生，当太阳升起来的时候，大草原上的动物们就开始奔跑了。狮子妈妈教育自己的孩子："孩子，你必须跑得快一点，再快一点，你要是跑不过最慢的羚羊，你就会活活饿死。"在另外一个地方，羚羊妈妈也在教育自己的孩子："孩子，你必须跑得快一点，再快一点，如果你不能比跑得最快的狮子还快，你就会被他们吃掉。"现在看来，虽然狮子妈妈和羚羊妈妈各自对自己孩子激励的话语是对立的，但她们同样告诉了自己的孩子们，只有比别人跑得快，才能生存下来。

善于运用负向激励，要给员工树立一个竞争对手。给员工找一个对手，其实就是让员工自己壮大自己，自己磨炼自己，自己给自己施加压力。对手实际上是在扮演着一个挑战者的角色，对手的存在会督促员工进步，让员工无暇骄傲，继续努力前进。同时对手也是一面镜子，和他对照，会让员工找到自身的缺点和不足，及时予以改正。

【延伸阅读】

激励是满足员工所要追求的东西，但经济学的理论告诉我们，社会人的欲望是无限的，而资源是有限的。如何让有限的资源发挥最大的作用，就需要对有限的资源进行合理的分配利用。无限制地满足一个人的欲求，将会让一个人的不合理欲求膨胀，有可能导致在未来的工作中，滋生逆反心理，从而使激励产生适得其反的效果。从这个层面讲，正确激励本质上又是具体问题具体分析和把握"度"的能力。

有效的监督也是一种激励
——赫勒法则

没有有效的监督，就没有工作的动力。

——英国管理学家　H.赫勒

第三章
做懂激励的领导者

【导读】

德国天文学家开普勒从童年开始便一直多灾多难,在母腹中只待了7个月就早早来到人世。后来,天花让他变成了一个满脸麻子的人,猩红热又毁坏了他的眼睛。但他凭着顽强、坚毅的品质发奋读书,学习成绩遥遥领先。父亲欠债使他失去了读书的机会,他就一边自学一边研究天文学。在之后的生活中,他又经历了多病、妻子去世、良师去世等一连串的打击,但他仍然坚强地支撑着,从未停下对天文学的研究,终于在59岁时发现了天体运行的三大定律。他把一切不幸都化作推动自己前进的力量,以惊人的毅力摘取了科学的桂冠。

开普勒是实现自律的典范,他自我监督,自我管理。但对大多数人来说,还是需要外在的监督。监督本身是一种压力,把压力转化成动力是赫勒法则的本质。

【领导力修炼】

激励用于管理时,是指激发员工的工作动力,也就是说用各种有效的方法去调动员工的积极性和创造性,使员工努力去完成组织的任务,实现组织的目标。赫勒法则告诉我们,有效的监督也是一种激励。

有效监督的激励本质上是一种正向激励和制度约束相结合的产物。根据马斯洛需求层次理论,人有被尊重的需要,当能满足这种需要时,他会更愿意做事。这种尊重的需要更多的是来自别人的肯定,尤其是在工作中被领导者肯定。管理实践中的有效监督包括上级对下级的肯定与督促，奖优罚劣。

管理之所以必要，是因为人有惰性。领导者要真正做到调动员工的工作热情，提高员工的工作积极性，就要充分地运用起手中的激励和监督机制，用好指挥棒，"萝卜"和"大棒"综合使用。

要实现有效的监督，作为领导者可以从以下两个方面入手：

自我监督。让员工自我监督是最有效的监督。自我监督的主客体均为员工自己，要求员工有高度的自觉。要激发员工自我监督，不仅要寻求目标的统一、价值观的趋同、行动的相容，还包括道德层面的东西。这里需要强调，让员工自我监督，信任是基础。信任是相信员工的能力和实现目标的意愿，但信任代替不了监督，还要让员工明白领导者会及时发现工作中的情况，并且一旦出了其他状况，将会产生严重的、无法挽回的后果。

自我监督的本意是员工自发自愿，自我监督和约束，这是作为领导者最希望看到的。但基于人之惰性、社会自觉性、文化水平、社会地位与职业的不同等，个人的自我监督能力是不同的，而且自我监督更多的是道德的约束，依靠的是引导，是激励，是员工的自觉自悟和自我修炼。

外部监督。我们强调自我监督，但并不否定外部监督的重要性。外部监督主要是组织的监督，在组织内建立科学的监督机制。有效的激励机制能大大加强员工的工作主动性和积极性。但只有激励是不够的，还必须建立有效的监督机制，当员工知道自己的工作成绩有人检查的时候，会加倍努力。

我们知道，凡事有利就有弊。上述两种监督也不例外，辩证法的精髓就是具体问题具体分析，在方法上强调相互结合，取长补短，各取所需。因此，作为领导者，要兼顾两种监督机制，在实施过程中把握好每一种监督的权重，适时适度地使用。

【延伸阅读】

从个人的角度而言，监督是一种约束，约束着某个人在组织中的行为，是和个人生活中的随意自由相对立的。然而这种自由和惰性是人之天性，因此，许多人会把制度约束等认为是"管着我"，甚至是代表某种程度的不信任。要让员工认识到有效的监督也是一种激励，还有很长的路要走。此外，不合理的监督不但起不到激励的作用，还会让员工产生逆反心理，导致上有政策，下有对策。我们要谨防监督被滥用，历史上的锦衣卫、东厂等臭名昭著的监督机构已经留给了我们惨痛的教训。

期待能激发一个人的潜能
——罗森塔尔效应

当你有了天才的感觉，你就会成为天才；当你有了英雄的感觉，你就会成为英雄。

——佚名

心理学与领导力

【导读】

美国著名心理学家罗森塔尔教授设计了这样一个实验：罗森塔尔对一所普通学校的一些小学生进行智力测验后，把一份名单交给他们的老师，并告诉老师名单上的学生属于大器晚成者，之后他就再也没有和这些学生接触。可是当学期末再次对这些学生进行智力测验时，发现他们的成绩显著优于第一次测验的结果。事实是名单上的人是随机挑选出来的，与其他学生没有显著不同。这种结果是怎样造成的呢？罗森塔尔认为，这是因为老师们对这些"大器晚成"的学生予以特别照顾和关怀，而这些学生显然也感受到了这种期望，变得更加努力和自信，以至他们的成绩得以改善。

上述情况怎么解释呢？从心理学的角度来看，就是人们的潜能被他人的"期望"激发出来。这就是著名的"罗森塔尔效应"。

【领导力修炼】

"罗森塔尔效应"在管理学中的应用：领导者要对下属投入感情、希望和特别的诱导，使下属发挥自身的积极性、主动性和创造性。这样下属就会朝领导者期待的方向发展，人才也就在期待之中得以产生。

修炼领导力，领导者在对待下属时应一视同仁。无论下属在工作中是扮演什么角色，或者是才能出众的研发人员，或者是默默奉献的基层人员，在态度上都应该一视同仁，避免形成不良的先期定势。

领导者应具有全局战略眼光。一个组织的良性运转，其中任何一个岗位、任何一个环节都不能出错，即使是一个清洁工也是如此。试想，如果一个打扫卫生的阿姨情绪低落，她对自己负责的工作就会懈怠，卫生状况就会下降，其他工作人员会产生怨言，整个组织的氛围就会不和谐，工作成效就会打折扣。

因此，领导者在管理实践中，对待自己的下属在情感上不能有区别，因为这样会伤害他们的自尊心和自信心，会拉开与下属的距离，同样也会拉开下属们彼此之间的距离，破坏团队的凝聚力。

修炼领导力，领导者应多赞扬和肯定下属。领导者在日常管理中，应该多采用鼓励和赞扬的方式，尽量避免批评和抱怨。因为赞扬会让人变得自信，而批评会让人变得自卑，只有自信才能激发人的工作热情和潜能。

领导者在交给下属一项任务时，应该告诉下属相信他一定能办好；当下属顺利完成任务时，可以告诉他做得很出色；如果下属失败了，还可以鼓励他下次一定能行。

如果能这样做，相信下属也会变得越来越能干，团队也会越来越出色。事实上，一个领导者最需要的能力不是自己的优越教育背景，也不是一流的业务能力，而是能够有效地整合出一流团队。

一个优秀的领导者就应该掌握激励、赞美、信任和期待这些正面的能量，通过正面能量来改变下属的行为，增强他们的自信，给他们积极向上的动力，并达成自己的期望。

修炼领导力，领导者应帮助下属找回自信。面对那些缺乏信心或者对自己完全失去希望的人，领导者不能简单地放弃他们，而是要给予积极的帮助。

一个穷人家庭打算到澳大利亚去谋求发财的机会，为了节省开支，上船之前准备了许多干粮。孩子们看到船上豪华餐厅的美食忍不住向父母哀求，可是父母守住他们所在的下等舱门不让孩子们出去。旅途还有两天就结束了，而他们的干粮已经吃光了，父亲只好去求服务员赏给他们一些剩饭，服务员告诉他，船上的客人都可以免费享用餐厅的所有食物。

这家穷人不敢去豪华的餐厅，是因为他们没有自信去尝试了解船上的就餐情况，结果丧失了很多次享受美食的机会。在我们的生活中，也有很多这样的人，他们会因为自己出身寒微、受教育程度不高或者缺乏工作经验而对自己没有信心，不敢去尝试新的事物，害怕失败或者害怕被指责。

作为领导者，如果遇到这样的下属，要给他们指明方向，并给他们提供尝试的机会。领导者要鼓励他们，即使失败了也能够增长经验。相信经历几次尝试，取得了成功，他们就会变得自信，也能更好地胜任自己的工作。

按照心理学理论，来自外部的评价如果能和他内心预期的评价重合，就会使他获得强烈的学习动机，并且树立坚固的自信心。领导者要学会赞扬和鼓励下属，并帮助下属树立自信心，激发他们的进取心，发挥其最大的潜能。

第三章 做懂激励的领导者

【延伸阅读】

"罗森塔尔效应"的内涵为满怀期望的激励,其中的关键还是"期望"的内容,这个期望值必须是正面的、积极的。

"荣誉班"的奇迹:美籍物理学家钱致榕教授谈起他中学时代的一段经历,那时班里很多学生不求上进,一位责任心很强的老师就从 300 个学生中挑选 60 人组成了"荣誉班",钱致榕也在其中。当时老师明确宣布,是因为他们有发展前途才被挑选出来的,于是这些人踏实学习,大多成了才。钱教授后来才知道,这 60 位学生是随意抽签决定的。

让下属在不知不觉中鼓足干劲
——暗示效应

所谓信仰就是自我暗示,在潜意识中被宣布或反复指点所产生的一种精神状态。

——拿破仑

【导读】

"暗示效应"是指在无对抗的条件下,用含蓄、抽象的间接方法对人们的心理和行为产生影响,从而诱导人们按照一定的方式去行动或接受一定的意见,使其思想、行为与暗示者期望的目标相符合。

故事一：三国中有一段"望梅止渴"的故事。曹操率兵马长途跋涉，天气炎热，官兵们又累又渴，偏偏又找不到一口水井或一条溪水。于是曹操说："前面山上有一片梅林，大家到了那里就可以尽情享用了。"士兵们一听，口齿生津，立即加快了行军速度。梅子是酸的，人们一提到"酸"，或一想到"酸"，自然会大量分泌唾液，暂时解渴。

故事二：美国科学家做过这样一个实验，在一个黑暗的实验室内，将一名死囚蒙上双眼，捆在凳子上，旁边放一个水桶，先用刀背划一下他的手腕，同时在小桶上开一个洞，发出"滴答"的滴水声，然后告诉这个死囚他将因为失血过多而死。于是，死囚真的感觉到自己的血液在往下流。半个小时后，死囚因极度恐惧而死亡。

上面两个故事告诉我们，暗示的力量是巨大的，积极的暗示可以使人振奋、摆脱困境，而消极的暗示可以让人意志消沉甚至死亡。

【领导力修炼】

"暗示效应"应用到我们的管理实践中，领导者要正确应用其积极的一面，鼓舞团队拼搏进取、激励下属奋发向上。

当然，在这里暗示的实施是有意识、有针对性的，是领导者用以管理实践的一种激励手段。既然是一种激励手段，就要达到提高管理效能的作用，其实施前提就要求领导者本身具备这种素质。

修炼领导力，领导者应用暗示效应，就必须明确暗示对象的心理特征和对不同信息的敏感度。不同性格、性别以及不同成长环境中的人，具有不同的心理特征，对外界信息的敏感点也是不一样的，所以接受暗示的反应也是不同的。

有的人记忆力好，有的人想象力惊人，有的人善于交际，有的人善于谋划，有的人对颜色比较敏感，有的人对数字比较敏感，等等。

作为领导者，要对下属的特长有一个客观全面的了解，因人配岗。同时，领导者还要针对下属的特征以及他们的心理、性格，采用合适的暗示方式激发他们的潜能，让他们朝着你所期待的方向发展。

比如，对于一个失明的人，伴随着室内灯光一明一灭，我们告诉他夜空里星光一闪一闪，非常漂亮，时间久了他的心底就会亮堂起来。但是如果我们每次都告诉他黑夜就像无底的深洞，相信他的心里永远只有黑暗。

因此，对于那些善于钻研的人，我们可以对他讲，某个产品是不是还能再完善一些呢？对于那些敢于挑战的人，我们可以对他讲，某项任务很难搞定，等等。

修炼领导力，领导者应用暗示效应，就要正确掌握暗示的核心和实施方式。暗示最关键的是诱导人的心理行为，使之做出一定的行为反应。

作为领导者，要明白在运用暗示效应时应该注意什么、致力于什么目的和采用什么方法，这关系到暗示的效果。因为这不是一个直接明确的指示，而是通过间接的方式传达给被暗示的对象，接受暗示的对象不会有直观的感受，所以领导者实施暗示的方法很重要。

罗杰·罗尔斯是纽约的第53任州长，也是纽约历史上的第一位黑人州长。在就职记者招待会上，大家提出一个共同的问题：是什么把他推向州长的宝座？罗尔斯仅说了一个名字——皮尔·保罗。保罗是罗尔斯小学时的校长，当时他们那些学生经常旷课斗殴，保罗多次努力无效后发现这些学生都很相信命运，他就在课间给学生看手相，凡经他看过手相的学生后来都非常成功，罗尔斯就是其中的一个。保罗曾告诉他，他将来会成为纽约州州长。

罗尔斯的成功，就是积极暗示的作用。如果没有保罗对他"信命"心理的准确把握，相信也不会取得这样好的效果。

因此，领导者对下属运用暗示效应时，要采用合适的方式方法，可以是一句赞扬的话语，也可以是一个鼓励的眼神，还可以是一个温暖的拥抱，甚至可以使用激将法。领导者要因时、因地、因人制宜，准确掌握这些方法，灵活运用。

修炼领导力，领导者应用暗示效应，就要预知暗示可能产生的结果和结果的可控性。要运用暗示效应，就要对其可能产生的结果进行预先推演，结合自己要达到的目的做出选择，用还是不用？如果用，选择哪种方案？

领导者对下属运用暗示效应，是为了提高团队的合力，提升下属的工作能力，所以在运用此效应前，必须考虑到其可能产生的后果，否则会得不偿失。

有两个摆煎饼摊的女工，其中一个在做煎饼的时候问顾客是要一个鸡蛋还是要两个鸡蛋，结果顾客要么要一个要么要两个，但是很少有人不要鸡蛋。另一个在做煎饼的时候问顾客要还是不要鸡蛋，结果多数人选择了不要鸡蛋。前一个女工的生意越做越好，后一个女工的生意却难以为继。

从这个故事中我们可以明白，做煎饼的女工对顾客提出是否要鸡蛋的问题，就是对顾客的一种心理暗示。但是两个女工收效明显不同，其原因究竟在哪里呢？

当被问到要一个鸡蛋还是两个鸡蛋时，其实对方已经设定了回答的范围，由于"面子"问题，大家很难做出不要鸡蛋的选择。前一个女工充分预测了这种结果，她的生意就越做越好，后一个女工没有意识到这一点，所以结果可想而知。

总的来说，领导者运用暗示效应，要在条件合适的情况下，因人、因时、因地而异，不能简单地照搬。

【延伸阅读】

"暗示效应"是指人在无意识中接受某种信息并对之做出反应的一种心理现象。

暗示效应的实施过程中，既有施动者，也有受动者。施动者发出某种信息，诱导受动者接收并做出反应，这是一个完整的过程。

其实，受动者在接收某种信息时，还必须进行自我暗示，自我暗示是一个反复作用的过程，只有这样暗示才能达到它的效果。

所以，暗示效应的完整过程应该是两个暗示过程的衔接，即外部施动者——受动者——反应——自我施动——受动。只有全面认识暗示效应的实施过程，才能准确应用。

第四章

做会用人的领导者
——知人善任让员工努力工作

千金买骨才能吸引千里马
——海潮效应

不义不富,不义不贵,不义不亲,不义不近。

——战国《墨子·尚贤上》

【导读】

从前有一位国君,愿意用千金求千里马,但一直无果。后来有一小吏自告奋勇,请求完成这个任务。三个月后,他用500金买了马骨回去献给国君。国君很不高兴,买马骨的小吏却说,我这样做是为了告诉天下人,大王您是诚心想出高价买马,并不是欺骗人。果然不足一年,国君就求得三匹千里马。

战国时期,燕昭王决心招纳天下贤士振兴燕国,但并没有多少人投奔他。于是燕昭王就去请教郭隗,郭隗给燕昭王讲了买千里马的故事,并对燕昭王说:"大王可以从我开始,让人们看到您是真心想招贤的。"燕昭王就拜郭隗为师,并让他修筑了"黄金台",作为招纳天下贤士人才的地方,果然有一大批贤士纷纷从各自的国家来到燕国。

用买马骨的方法来吸引千里马,用修筑黄金台的方法来招纳天下的人才,所运用的就是心理学上的"海潮效应",即海水因天体的引力而涌起海潮，引力大则出现大潮，引力小则出现小潮，引力过弱则无潮的现象。

【领导力修炼】

"海潮效应"表明海潮的大小与天体引力的大小呈正相关，应用到组织用人过程中，则要印证在组织的实力上，而作为领导者是否能够汇聚人才，就要看其在求贤过程中能够展现什么样的吸引力。

领导者对人才的吸引力，体现在个人魅力上。很多人在职场生活中会对领导者有崇拜情结，他们会把领导者作为自己的榜样，因此很看重领导者的能力和修养。

现在很多知名企业都提出这样的管理理念：以待遇吸引人，以感情凝聚人，以事业激励人。领导者会聚人才，也可以借鉴这样的理念，特别是在个人魅力的修炼上，这样的理念能够达到良好的效果。

修炼领导力，强化自己的职场势，吸引优秀的人才。一个领导者要想吸引人才，首先自身实力要过硬，必须具备以下几点能力：

其一，领导者要心态平和、胸怀广阔，同时要严于律己。领导者每逢不顺与挫折时，要保持一种乐观平和的心态，凡事不能过于计较得失；当与他人发生意见分歧时，特别是对下属的某些方面不认同时，要正确认识差异的客观存在，能够做到心胸宽阔，具有容人之量；最重要的还是要严于律己，要具备积极严谨的工作态度、克己奉公的工作作风。

其二，领导者要思想开放，具有创新精神，兼具执行力，同时要克服保守、故步自封的思想观念，要放弃老旧的思维模式，要树立开放创新的进取意识，敢于在工作中引进新思路，开创新风气，带动组织成员突破常规，开疆拓土。

其三，领导者要关心下属，勇于承担责任，敢于担当。领导者要把下属的苦恼和困难放在心上，寻求积极的方法真诚地帮助下属解决问题，心贴心地与下属进行交流。工作中出现问题时，领导者要敢于担当，不要把责任推卸给下属，让下属承担不良后果，要勇于承担责任，与下属同甘共苦。

修炼领导力，协助下属创造职场势，留住出色的人才。领导者招揽来了人才，就要吸引其留下来，要达到这个目的，既要有物质激励，也要有非物质激励。

李嘉诚在谈自己公司人员变动很小，譬如高级行政人员流失率低于百分之一时，提到过其原因：第一，你给他好的待遇；第二，你给他好的前途，让他有一种责任感，认为公司的成绩跟他是百分之百挂钩的。物质激励和非物质激励，李嘉诚都做到了，所以他取得了非凡的成功。

物质激励主要包括高的薪酬和奖金。在现代企业发展过程中，物质激励也包括了股权分红、技术和创新报酬等。

非物质激励主要包括职位的晋升、职场能力的提升、软福利待遇以及个人的职业理想实现的平台等。

第四章
做会用人的领导者

作为领导者，要对下属的职业生涯承担责任。下属是工作成绩的真正创造者，领导可以指挥下属去工作，但是不能奴役他们。高压的手段只会激起下属的逆反心理，消极怠工或者甩手离去，从而影响工作目标的实现。

领导者如果合理使用两种激励手段，让下属相信与你一起工作既能获取生活保障，又能实现自己的职业规划，相信他们一定会以最大的热情投身工作，竭尽全力创造价值。

修炼领导力，与下属形成优势互补，相互吸引。领导既要不断强化自身能力，同时也要充分发挥下属的潜能，既要做下属的榜样，还要优化下属的工作能力，最终达到彼此优势互补，形成整体合力。

下属得到了认同感，有了归属感，就会找准自己的位置，对领导者的指示就会严格执行，并充分发挥自己的能力优势，积极配合领导的工作步伐。

而领导者则必须具有组织协调能力和掌控全局的能力。领导者要目标明确，能够合理分工，对有限资源进行有效的配置，同时还要能够把握全局，控制事件的发展进度及能够处理发展过程中出现的突发情况。

领导者的工作做到位了，下属就会主动与之靠近；下属与领导走得近了，对工作的把握就更准确了，领导就会更喜欢与他们合作了，这样形成了一个良性的互动循环，领导和下属彼此吸引，相互靠近，优势互补的效果就越发明显。

心理学与领导力

【延伸阅读】

"海潮效应"给我们的启示是,领导者要通过调节对人才的待遇,以达到人才的合理配置,从而加大组织对人才的吸引力。

"海潮效应"中,"吸引力"是关键。吸引力是指能引导人们沿着一定方向前进的力量,一旦这种力量形成,被吸引者就会趋之若鹜,"海潮"注定会出现,团队的发展壮大就是必然的。

"海潮效应"应用到管理学中,领导者只需要关注如何造就这种引力,而不必担心人才在哪里。一旦这种引力生成,人才就会源源不断地涌现。这在很大程度上为领导者招揽人才指明了方向。

对优秀人才要舍得花钱
——乔布斯法则

我过去常常认为一位出色的人才可顶两名平庸的员工,现在我认为能顶50名。

——史蒂夫·乔布斯

【导读】

"乔布斯法则"源于苹果公司CEO乔布斯的一句经典名言,"一位出色的人才能顶50名平庸的员工"。

乔布斯最初认为一个出色的人才能够代替两名平庸的员工,然而伴随着他对管理工作的认识不断深入，这个比例则变成了1∶50。乔布斯对人才的再次认识，体现了他对人才的重视，同时也表明了人才对组织发展的重要性。

乔布斯一直都在寻找、网罗世界上的优秀人才，并使他们加入他的公司。乔布斯非常重视人才，也愿意为人才埋单。其中，布鲁斯·霍恩就是一个好的例子。

布鲁斯·霍恩是一个非常优秀的程序设计员，当时他已经与一家公司签约。为了研发第一代麦金塔电脑，亲手打造苹果公司的第一支"A级小组"，乔布斯带领麦金塔电脑小组的每个人为布鲁斯进行了整整两天的演示，将各种不同设计的绘图以及市场营销计划展示在布鲁斯眼前，还为他提供了1.5万美元的签约津贴，最终彻底征服了布鲁斯。

【领导力修炼】

作为领导者，重视人才体现在哪里呢？每一个领导者在大谈用人之道时都会说要引进人才、重视人才等，但往往只是口头上说说，并不付诸实际行动。作者认为，重视人才就要舍得为其"花钱"，当然这里的钱包括真金白银，但是还应该包括时间、心力、情感、平台等一切能够为招揽人才而服务的东西。

为优秀人才埋单，这是招揽人才的前提。每一个出色的人才都不会自动来到你的身边，更不会跑来告诉你他就是你所需要的人才。所以作为领导者，要想身边人才聚集，就得下功夫，去了解谁是你需要的人才，他们在哪里，他们又需要什么，怎么才能够让他们来到你的身边。要做到这些你都得付出成本，也就是说对优秀人才要舍得"花钱"。

修炼领导力，要具有识别人才的独到眼光。作为一个组织的领头羊，必须清楚组织架构里每一个位置都需要什么样的人，每个位置上的人又必须具备什么样的能力。

一个人到底能不能胜任一份工作，作为领导者需要提前知道，这就非常考验领导者的识人用人能力。乔布斯认为，选错人就会满盘皆输，而选择合适的人才绝非易事。

作为领导者，要清楚组织架构，清楚每个架构点的作用，这样才能知道这个架构点需要什么样能力的人，要给这个架构点招揽什么样的人才。但是这仅仅是第一步，而实际上最难的是了解谁才是满足要求的人。

要想找到合适的人才，领导者就必须在众多的人选里精确判定。合适的人选，不仅仅要专业知识对口，还要具有钻研的精神，同时要热爱这个工作岗位。

乔布斯认为，你无法在短时间里了解对方足够多的信息，说到底只能凭借直觉做出选择。一般他会了解应试者在面对挑战时的反应以及他们想要加入苹果公司的原因。他寻找的并不是答案本身，而是应试者给出答案的方式。

所以，领导者在招揽人才时，必须具有独到的视角，也必须舍得付出心力。

第四章
做会用人的领导者

修炼领导力，还得有网罗人才的行动。作为领导者，虽然找到了合适的人才，但这些人是不会随你指挥的，还必须将他们搜罗到你的麾下，那么就得行动起来。

合适的人才是可遇不可求的，既然你已经遇到了，那么就不能丧失了这个机会。乔布斯认为，要全力争取优秀人才。

全力争取优秀人才，是领导者招揽人才最基本的素质。如果领导者在招揽人才时马马虎虎，按照一般的招聘程序走一个过场，真正的人才是会悄悄溜走的。具备良好业务素质的人才，往往更看重他们将要跟随的领头羊的能力和素质。

沃顿商学院负责职业开发的安德鲁·亚当斯说："公司的高级主管应当参与人才招聘活动。"领导亲自出马，势必使求职者从心理上感到满意和欣慰，这样更有利于选到优秀的人才。

所以，领导者在网罗人才时，要以实际行动重视人才，还必须舍得付出精力。

修炼领导力，需要有留住人才的法宝。已经将人才网罗到了身边，但是能不能留得住他们，那还得看看你有没有看家的法宝——人才想要留下来的动因。

与你一起工作，每个人都有自己的动因。大家愿意跟着你干，不是上天派来服侍你的，他们每一个人都有所求，或者是为了养家糊口，或者是为了实现自己的抱负，或者是出于个人崇拜等，无论是因为什么，留下都有留下的原因。

作为领导者，能不能留得住人才，就要看你有没有留住人才的法宝。所以，作为领导者，必须知道大家想要什么，需要什么，心里又有什么想法。领导者要为留住人才付出努力，给他们提供优厚的物质保障、实现理想价值的平台。

乔布斯认为，对待人才要有战略性的激励武器。苹果公司的员工很早就可以持有股票，苹果公司用股票奖励代替了大部分现金奖励，这是一种非常平等的公司经营方法，这种方式是惠普公司首创，苹果公司确立的。

所以，领导者在留住人才方面，要为人才提供实现自身价值的平台，也要舍得付出报酬。

无论认识人才，网罗人才，还是留住人才，作为领导者都必须付出心力、精力，并提供实现价值的平台。

【延伸阅读】

"乔布斯法则"告诉我们，对待优秀人才要舍得付出。俗语说，"人心换人心，半斤换八两"。要想换得优秀人才的加盟，就要付出。

然而，换个角度讲，其实"要求"也是一种"给予"。如果我们只是一味满足对方提出的要求，久而久之则会变成一种纵容，缺乏激励的给予是一种荼毒。

有能力的人的潜能是巨大的。而潜能是需要激发的，所以有时候泼泼凉水，打击一下对方，反而更能激发他的斗志，也能让对方实现更大的价值。

第四章 做会用人的领导者

敢于用比自己强的人
——奥格尔维法则

治国经邦，人才为急。

——孙中山

【导读】

美国奥格尔维·马瑟公司总裁奥格尔维召开了一次董事会，在每个与会的董事面前都摆了一套俄罗斯套娃。董事们面面相觑，不知何故。奥格尔维说："大家打开看看吧！"当他们打开最里面的玩具娃娃时，看到了一张奥格尔维题了字的小纸条："如果你经常雇用比你弱小的人，将来我们就会变成矮人国，变成一家侏儒公司。反之，如果你每次都雇用比你高大的人，日后我们必定成为一家巨人公司。"

奥格尔维法则：善用比我们自己更优秀的人。它强调的是人才的重要性。

【领导力修炼】

对于领导者来说，"奥格尔维法则"更着重于领导人在用人方面的度量与魄力。敢于起用比自己能力强的下属，需要领导者具有无比宽阔的心胸。领导者若能做到这一点，其成就也将是无与伦比的。

其实古今中外，知人善用的例子举不胜举，善于运用比自己强的人，在中国历史上，最典型的例子就是汉高祖刘邦。

刘邦在谈论自己能得天下，而项羽失天下时总结："夫运筹帷幄之中，决胜千里之外，吾不如子房；镇国家，抚百姓，给饷馈，不绝粮道，吾不如萧何；连百万之众，战必胜，攻必取，吾不如韩信。三者皆人杰，吾能用之，此吾所以取天下者也。项羽有一范增而不能用，此所以为我擒也。"

就某一方面的才能而言，刘邦深知自己不如张良、萧何、韩信等人，但是他敢于用人，并善于发挥张、萧、韩等人的专长，充分证明了刘邦的用人智慧。而刘邦最终一统天下，也表明了作为领导者要敢于用比自己强的人。

修炼领导力，要知人善任，切忌嫉贤妒能。人不可能十全十美，只是各有专长，就是领导者也不是十八般武艺样样精通。但是一个组织的运行发展需要有各种才能的人共同合作。

作为领导者，要充分了解下属们都具有什么能力，分别擅长什么，要根据他们的特长将其安排到合适的岗位上工作。要做到这一点，领导者首先要善于运用下属的能力，而不能因妒忌将其压制。

修炼领导力，要不计前嫌，切忌锱铢必较。在工作中，总会有些人对我们的做法不满，或者有意见，或者看不惯我们做人做事的方式。身为领导者，难免有下属会不认同你，或者无意中冒犯你，但是举贤任能，万不可对一些无关痛痒的小事斤斤计较。

作为领导者，要不拘小节，敢于重用比自己能力强的人。IBM公司的创始人小托马斯·沃森说过："对于重用那些我并不喜欢却有真才实学的人，我从不犹豫。我寻找的是那些个性强烈以及直言不讳，似乎令你不快的人。如果你能在自己的周围发掘许多这样的人，并能耐心听取他们的意见，那你的工作就会处处顺利。"

作为领导者，在与其他领导者合作时，也要做到谦逊礼让，不可目中无人，咄咄相逼，只有这样才能共同进步。

"负荆请罪"的故事想必大家都耳熟能详。廉颇之所以能够负荆请罪，是因为蔺相如不计前嫌，还对门客说："强秦之所以不敢加兵于赵者，徒以吾两人在也。今两虎共斗，其势不俱生。吾所以为此者，以先国家之急而后私仇也。"

蔺相如与廉颇修好，使得赵国一度强盛，成为东方诸侯阻挡秦国东进的屏障。作为领导者，必须注重团队整体利益，只有这样才能担当起领导职责。

试想，领导者如果没有容人之心，对比自己有才能的人处处设防，最终的结果想必是大家都会对其敬而远之，团队的精诚合作也就无从谈起，更不用谈团队的凝聚力了。

修炼领导力，要用人不疑，切忌疑心重重。古语曰："用人不疑，疑人不用"，后世者多有疑虑，认为如果用人不察贻害多多。其实大家忽略了这句话的辩证逻辑：用人如果有疑问，则不用之；用人之前就应该做好考察工作，一旦决定用之，就要给其充分的信任。

作为领导者，在给下属分配任务时，必须提前考察好每个人的特长及心性，明白其是否能够胜任此项工作，一旦做出决定就要充分放权，给予其最大的发挥空间，切忌疑心重重，束缚其施展才能。

春秋战国时期，管仲书信举荐宁咸给齐桓公。宁咸初见齐桓公，并未呈上书信，而是在朝堂上大肆讥讽齐桓公。齐桓公大怒，欲杀之。但宁咸威武不屈，桓公觉得是个人才，于是喝令武士放了他，后知其为相国管仲举荐的贤士。他们谈论起天下形势，宁咸谈得头头是道，桓公大喜，当即要拜宁咸为官。有人上谏桓公派人调查，但桓公说道："我看宁咸这人不拘小节，性情刚烈，在家乡难免会得罪一些人，用人不疑，疑人不用。"于是拜宁咸为大夫。

后来宁咸果然如桓公所料，文武双全，是个难得的奇才，为辅佐桓公成就霸业立了大功。倘若桓公不能够信任宁咸，想必历史会是另一番模样吧。

【延伸阅读】

"奥格尔维法则"给我们的启示是领导者要敢于用比自己强的人。作者由此想到了IBM公司的总裁小托马斯·沃森信奉的"野鸭精神"，同样强调了要敢于面对优秀人才的挑战。

"野鸭精神"的理念是：其一，领导者对于具有真才实学的人，重心是发挥其长处，而非消除其短处；其二，领导者对于那些个性强烈、不拘小节的人，要善于激发其创造性潜能，而非打磨其棱角。

与此相反的是，在一些领导者的观念里，一直认为无条件地执行才是下属应该做的事情。其实一个人的能力有限，即使是最优秀的领导人，对事物的认识也会有这样或者那样的缺陷，如果下属只会盲目服从，其结果可想而知。

领导喜欢听话的下属并没有什么过错，但是要辨别清楚简单听话和科学执行的不同。既要保持下属的"野鸭"精神，又要善于引导其强化执行力。

对下属要量才而用
——特雷默定律

协和阴阳，调训五品，考功量才，以序庶僚。

——《后汉书·刘恺传》

【导读】

"特雷默定律"由英国管理学家 E.特雷默提出。特雷默认为：每个人的才华虽然高低不同，但一定是各有长短，因此在选拔人才时要看重的是他的优点而不是缺点，利用个人特有的才能委以相应责任，使各安其职，这样才会使团队趋于平衡。否则，职位与才华不能相适，应有的能力发挥不出来，势必造成冲突的加剧。

量才而用是"特雷默定律"的核心，才能与责任相匹配是其基本原则，扬长避短是其基本要义，其最终目的是平衡人的才能与岗位要求间的矛盾。

"田忌赛马"是扬长避短的典型：齐国将军田忌经常与齐王赛马，设重金赌注。但齐王的马略胜一筹。于是孙膑对田忌说："拿您的下等马对付他的上等马，拿您的上等马对付他的中等马，拿您的中等马对付他的下等马。"三场比赛完后，田忌输一场而胜两场，最终赢得千金赌注。

孙膑通过调换马匹参赛的次序，充分发挥上等马和中等马的优势，并最终胜出。这既符合物尽其才的原则，也实现了比赛的初衷。就好像领导者用人，如果能够针对下属的才能安排其在合适的岗位上，就能取得预期的效果。

【领导力修炼】

俗话说，"尺有所短，寸有所长"。每个人都不会只有优点或只有缺点，作为领导者选人用人时，不能太过苛求完美，而是要用人所长，容人所短。

修炼领导力，要合理安排下属的分工。每个人具备的才干各不相同，有的人精于算计，有的人善于攻略，有的人长于交际，也有的人乐于钻研。身为领导，要对下属的特长了然于胸。

随着社会的发展，竞争日益激烈，但归根到底是人才的竞争。

第四章
做会用人的领导者

从国家、行业到企业、团队组织之间的竞争，无不是人才实力的竞争，如何能够运筹帷幄，取得最后的成功？对于领导者而言，就是要科学、合理、有效地量才施用。

没有无用的人才，只有不会用人才的领导者。量才施用，不仅要善于发现人才的优缺点，针对其特点将其放在合适的位置上，更重要的是要激发他们的潜能，发挥其最大特长，甚至要将其缺点变成特点，特点变成优点，达到人尽其能。

其实纵观古今，领导者善于量才施用的例子不胜枚举。最具特色的要属唐太宗李世民。魏徵不畏君威，直言敢谏，太宗就封他为谏议大夫；房玄龄性情温和、通达睿智又具有实干精神，太宗则拜他为宰相。

修炼领导力，要把握下属的专长，扬长避短。作为领导者择人用人，关键在于看得准、用得对。虽然人各有专长，但是领导者在选人用人时能不能拿得准，这是至关重要的。

领导者挑选良才，尽管大多明白要扬长避短，用人所长，但正确把握人才的专长，却不是每个领导者都能做到的。唐人韩愈说："世有伯乐，然后有千里马。千里马常有，而伯乐不常有。"问题不在于是否有人才，而在于是否有发现人才的"伯乐"。

诸葛亮举荐蒋琬，是其识人用人扬长避短的典范。蒋琬任小吏时曾"众事不理，时又沉醉"，刘备要处分他，但诸葛亮发现他是个难得的人才，对刘备说："蒋琬，社稷之器，非百里之才也。其为政以安民为本，不以修饰为先。愿主公重加察之。"诸葛亮准确地把握了蒋琬虽然不善于展现自己的政绩，为官处世却是以民为本的特点，而后蒋琬对蜀国的贡献也是有目共睹的。

但诸葛亮重用马谡，失掉街亭这个战略要地，则是他用人错识其短长的体现。马谡虽然熟读兵书，很有谋略，但是缺乏实战经验，他不是一个运筹帷幄的将军，故街亭失守，使蜀国陷入颓势。

由上述成败事例可知，领导在用人时，准确把握下属的专长是取得成功的关键。把握精准、扬长避短就能够充分发挥下属的优势，形成优势互补的有利格局；把握不到位，就会扬短避长，损兵折将以致失败。

李嘉诚在总结用人心得时曾形象地说："大部分的人会有部分长处部分短处，好像大象食量以斗计，蚂蚁一小勺便足够。各尽所能、各得所需，以量才而用为原则；又像一部机器，假如主要的机件需要用五百匹马力去发动，虽然半匹马力与五百匹相比是小得多，但也能发挥其一部分作用。"其透彻地点出了用人所长的精髓。

总之，领导者用人首先要能够正确把握下属的长处和短处，其次能够针对下属的优势和劣势扬长避短，使其各安其职，优势互补，形成最佳团队组合。

【延伸阅读】

"特雷默定律"强调领导者用人要扬长避短，量才施用。既有长短,就需要量一量。然而要量"长"与"短",就得知道长短的标准。究竟何为长,何为短?特别是量才,其长短更是难有定论。

特雷默认为,选拔人才时要看重的是他的优点而不是缺点,根据个人特有的才能委以相应责任,使各安其职。概括来说,就是人岗匹配。然而随着事业的发展,此时的人岗匹配,彼时则又会不适用,因为事物是发展变化的,同一个人伴随着成长,性格心性以及才能发展都会不同一样,同一个岗位随着经营发展,其战略地位也会随之发生改变。

因此,要量长短,其标尺似乎还应该伴随着事物的发展变化而变化。正确对待人才的"长"与"短",每个领导者要随时把握好自己手中的尺子,看到一定情况下优劣互相转化的客观事实。

允许失败才会有创新
——底特农定理

要学会走路,也要学会摔跤。而且只有经历过摔跤,才能学会走路。

——马克思

【导读】

50年前有一个美国人卡尔,他家附近有几所大学,学生经常出来吃快餐,而附近还没有一家比萨饼屋,他就在自家的杂货店对面开了一家比萨饼屋。他把比萨饼屋装修得精巧温馨,十分符合学生喜欢高雅、讲情调的特点。不到一年时间,卡尔的比萨饼成为附近的名吃,每天都是顾客爆满。比尔又在俄克拉何马城开了两家分店,但是都严重亏损。同样是卖比萨饼,两个城市同样有大学,为什么在俄克拉何马就失败呢?不久他发现了问题,两个城市的学生在饮食和趣味上存在着巨大差异。另外,在装潢和配方上面他也犯了错误。他迅速改正,生意很快兴隆起来。

19年后卡尔的比萨饼店遍布美国,共计3000余家,总值3亿多美元。卡尔说:"我每到一个城市开一家新店,十分之九是失败的,最后成功是因为失败后我从没有想过退缩,而是积极思考失败的原因,努力想新的办法。因为不能确定什么时候成功,就必须先学会失败。"

比尔的成功,验证了心理学上的一个著名定律——"底特农定理",允许失败才会有创新。

【领导力修炼】

作为领导者,要把宽容失败作为一种精神,同敢为人先、敢冒风险、敢于创新、勇于竞争的精神并提,并大力加以倡导。

在创新的过程中,失败是难免的,宽容失败,就是要允许失败,通过一次次的失败,最终取得成功。

其实,不光只有科技创新会遭遇失败,任何情况下,想要取得

第四章 做会用人的领导者

突破，都不可避免地要经历失败。因为客观事物只有经过一定阶段，激化到一定程度，矛盾才会充分暴露，才能为人们所认识。

同理，领导者在管理实践中，要充分信任下属，不能只允许成功，不允许失败。要允许下属有创新的想法，并鼓励其积极付诸实践，即使失败了也没有关系。

修炼领导力，鼓励下属发挥创新思维，允许失败。一个人如果不迈出第一步，就学不会走路；一个人如果没有创新思维，也就不会去进行创新实践。

一个优秀的人才，必须具备创新的思维和付诸行动的精神，而作为领导者就不能束缚下属的创新实践。

在创新实践过程中，难免会失败，允许失败是对待创新的科学态度。诸葛亮曾经说过一句话："善败者不亡。"所以，不要因为害怕失败，而故步自封。

爱迪生在发明电灯的过程中，共历经一千九百九十九次失败，有人问他："你是否还打算尝试第两千次失败？"爱迪生答道："那不叫作失败，我只是发现那些方法做不出电灯来。"他根本没有认为自己失败，他只是成功地发现不能做灯泡的方法。

可见，在创新的过程中，失败是常有的事，但我们若是把失败看作成功之母，就不会被失败击垮。

修炼领导力，宽容下属在创新过程中的失败。创新并非一朝一夕的事，面对下属的失败，领导者要宽容成功过程中的那些挫折，给下属以信心。

心理学与领导力

"大富翁"游戏的发明人达洛是一个失业在家的暖气工程师。1935年,达洛把游戏的最初版本寄给一家玩具公司。公司拒绝了他,因为游戏里有五十二个错误。可是达洛并不气馁,他一再尝试,一一修正错误。如今这个游戏早已风靡全球。

可见在创新的过程中,要有宽容失败的胸怀。失败往往是成功的前奏,如果没有耐心再向前走一步,就会与成功擦肩而过。

修炼领导力,激励下属不畏惧失败,努力创新。没有失败就没有创新,没有坦然面对失败的勇气,就无缘享受创新的成功。

作为领导者,既然我们鼓励下属进行创新,也意识到了在创新过程中失败是难免的,那么现在的关键就是要激励下属在失败面前不畏惧,敢于迎着困难上。

激励下属创新,就要为其创造一种有利于创新的环境和机制。比如,允许失败本身就是一种激励;"给失败者加分"的观念,也是对创新的一种激励。

美国硅谷风险投资家在评估科技人员技术项目的科技含量和预期收益时,对曾经失败过的科技人员给予加分待遇,原因是你失败过,就意味着你创新过;你失败过,你成功的可能性就更大。

另外,激励创新,还应该建立保障创新人员的创新基金,为创新人员提供技术和智力支持,等等。

【延伸阅读】

"底特农定理"揭示了允许失败才会有创新。这里我们能够联想到"基利定理"和"比伦定律"。

"基利定理"：每个人要想干出一番惊人的业绩，一定要具有面对失败坦然自如的积极态度，千万不可一遭挫折便落荒而逃。

"比伦定律"：失败也是一种机会，若你在一年中不曾有过失败的记载，你就未曾勇于尝试各种应该把握的机会。

三个定理的相似之处是让我们正视失败；不同之处是对"失败"的侧重点，"底特农定理"强调的是在创新过程中允许失败，"基利定理"强调的是对待失败的态度要积极，"比伦定律"强调的是失败本身也是一种机会。

用良好的工作环境去凝聚人才
——雷尼尔效应

人创造环境，同样环境也创造人。

——马克思

【导读】

美国西雅图华盛顿大学经历过一次风波。校方准备修建一座体育馆，但是遭到教授们的强烈反对。原因是一旦这个场馆建成，就会挡住从教职工餐厅可以欣赏到的西雅图的湖光山色。西雅图位于北太平洋东岸，华盛顿湖等大大小小的水域星罗棋布，天气晴朗时可以看到美洲较高的雪山之一：雷尼尔山峰。

其实，与当时美国的平均工资水平相比，华盛顿大学教授们的工资要低20%左右。很多教授之所以接受华盛顿大学较低的工资，完全是出于留恋西雅图的湖光山色，他们的这种偏好被华盛顿大学的经济学教授们戏称为"雷尼尔效应"。

"雷尼尔效应"揭示，优美的自然风光也可以折算成教授们的工资，也能让华盛顿大学吸才留才。

【领导力修炼】

"雷尼尔效应"运用到管理学中，优美的自然风光也可以换成舒适的办公环境、宽松的工作氛围、亲和的领导魅力等一切除工资奖金等物质报酬外的软福利。

随着社会经济的发展，人的温饱问题基本解决，但是日益激烈的竞争给人们带来的精神压力越来越大，所以很多人在选择工作时，除了诱人的高薪，大家也非常看重这个工作岗位是否能够让自己身心舒畅。

修炼领导力，提升自己的亲和力，给下属提供一个与你愉快交流的氛围。很多领导者认为掌权者大，总是板着自己的一张脸，有事没事训训底下的人，结果下属战战兢兢，能避则避，不愿意去找领导交流。久而久之，做领导的信息不畅，就不能够带好团队。

良好的亲和力是领导与下属有效沟通的通行证。亲和力是领导者个人素质的载体，亲和力能够加强组织的团结。尤其是现代领导者，更需要具备亲和力，只有这样才能得到下属的尊重，让下属愿

第四章 做会用人的领导者

意和你交流。

领导者如何增强自己的亲和力呢？作为领导，在工作中面对下属要态度谦和，与下属沟通要平易近人，这样下属在汇报工作或是提出建议时才不会紧张，也不会顾虑太多而有所保留；如果领导者态度生硬冰冷、趾高气扬、不可一世，下属就会自然而然地与其拉开距离。在生活中，领导者也要体贴下属的难处，关心下属的生活困难以及情绪波动，与下属做朋友，只有这样，才能真正赢得下属的拥戴。

实践证明，只有在融洽的上下级关系中，下属才会把领导的批评当作鞭策，把领导的表扬当作鼓励，从而自觉提高自己的业务水平和执行力。可见时代需要亲和力，领导更需要具有亲和力，只有这样管理工作才能事半功倍。

修炼领导力，营造良好的工作氛围，增强下属的凝聚力。宽松自在的工作氛围能够拓展下属自由发挥的空间，使他们心情愉快，激发创造活力，同时也能够让下属间亲密合作，提升团队的凝聚力，有效发挥合力作用。

笔者曾经看到这样一则故事，有个年轻人在一家刚刚起步的小公司工作，工作压力大，强度高，每天都非常紧张、疲劳，后来公司取得了成功，他却选择了辞职。原因竟然是刚开始工作氛围很融洽，每天上班心情愉悦，工作时能够快速提升自我，后来新聘请的经理严肃、少变通，工作氛围变得冰冷压抑，尽管工资奖金多了不少，但他还是选择了离开。

作为领导者,既要明白工作氛围的重要性,还必须懂得如何创造良好的工作氛围。

良好的工作氛围,首先要有良好的组织文化。领导者要建立一个平等、互助、团结、友爱的组织环境;要重视团队建设,帮助下属建立良好的人际关系;在困难面前要起到带头作用,下属出现错误时多鼓励,少批评,避免官僚作风。

修炼领导力,建立舒适干净的办公环境,激发下属的工作热情。一个舒适干净的工作环境能够让人心情舒畅,给人带来职场幸福感。

舒适干净的办公环境,不仅包括办公桌干净整洁、窗明几净,更不能忽视隐形需求。举个简单的例子,一个良好的如厕环境是现代职场人士非常关注的一个软条件,特别是对于职场女性。

笔者曾看过一篇文章,女主人公就是因为新单位里有名牌洗手液、吸水纸,马桶旁边那两卷厚厚的舒爽卫生纸永远用不完而选择跳槽。笔者身边还有这么一位朋友,她说她刚到公司的时候,最满意的就是那里的如厕环境,厕所卫生随时都有阿姨清理,但是后来公司节约成本,辞掉了很多打扫卫生的阿姨,最终她选择了辞职。

当然,职场软福利还有许多其他因素,如能有机会携带家属参加单位组织的旅游,能有机会参加一些颇具含金量的职场培训,能与同事一起畅聊自己的职业理想,等等。

提升亲和力,营造良好的工作氛围,建立良好的工作环境,只有这样才能够凝聚人才,实现有效领导。

【延伸阅读】

"雷尼尔效应"启示：一个组织可以通过提高员工的软福利而达到留才聚才的目的。

如果一个企业拥有舒适的工作环境，宽松的工作氛围，领导也和颜悦色，而员工的基本工资却很低，那么这样的企业能不能吸引人才并留住人才呢？

这就涉及"软福利"在员工报酬中的占比问题。到底多大的比例才合适呢？华盛顿大学教授的工资，80%是以货币形式支付的，20%是由美好的环境来支付的，也就是说20%是软福利带来的价值。

在其他组织里，这个比例究竟应该是多少呢？当然这是在讨论一个临界值。设定同一个行业里，平均基数为"1"，某组织为员工提供的软福利占A%，工资奖金等物质报酬占（1-A）%，A是该组织员工不会跳槽的临界值。

那么这个A是多少？在华盛顿大学是20，在其他情况下可能是10，也可能是30。A值的不同，与基数"1"关系密切，基数的不同，人们对A值的重视度也不尽相同。

另外，如果同行业的两个组织为员工提供的工资奖金等硬福利相同，而其中一个还能保证优厚的软福利，结果自然不言而喻，而且这样的组织的发展也势必会越来越好。

心理学与领导力

用人不能犯先入为主的错误
——首因效应

唯陛下观览古今，反复参考，无以先入之语为主。

——《汉书·息夫躬传》

【导读】

曾经有这样一个实验，把被测试者分为两组，看同一张照片。对甲组说，这是一位屡教不改的罪犯；对乙组说，这是位著名的科学家。看完后让被测试者根据这个人的外貌来分析其性格特征。结果甲组说，深陷的眼睛藏着险恶，高耸的额头表明了他死不悔改的决心；乙组说，深沉的目光表明他思想深邃，高耸的额头说明了科学家探索的意志。

这个实验表明第一印象形成的心理定式，影响人们在后续过程中对事物的判断。这在心理学上称为"首因效应"。

"首因效应"也叫首次效应、优先效应或第一印象效应，是指个体在社会认知过程中，通过第一印象最先输入的信息对客体以后的认知产生的影响。

【领导力修炼】

人往往很容易犯先入为主的毛病，领导者肩负选人用人的重任，在面试应聘者时也容易先入为主。面试者要想突破不良的第一印象而顺利入围，是非常困难的。这就是为什么我们在招聘现场常常能够看到男生大都西装革履，女生也打扮得光鲜亮丽。尽管有时候，第一印象并非完全靠外貌着装形成，但其确实是最容易产生首因效应的。

由于大家都非常重视第一印象，特别是在找工作的时候，面试者更是会精心准备，包括着装、言语用词、形态体态以及对招聘单位的了解等。作为领导者，在选人用人上，更是要避免先入为主，错失人才。

修炼领导力，切不可先入为主，以貌取人。以貌取人是最常见的先入为主现象，两个陌生的人见面了，对对方的其他情况一无所知，映入视线的首先就是对方的外在相貌，而人往往都喜欢美的事物，再加上人们更相信眼见为实的心理，就很容易以貌取人。

《三国演义》中庞统想要效力东吴，虽然他雄才伟略，但是相貌丑陋，孙权见到他心中不快，将其拒于门外。美国总统林肯也曾因为相貌偏见拒绝了一位才识过人的阁员。

正因为这样，很多人就会利用这一点抢占先机，甚至不惜去美容店整容。这样做固然无可厚非，可如果其头脑空空，光凭玩弄花哨，投机取巧，也会给将来的工作造成影响。

作为领导者，避免这种失误是至关重要的。要想避免以貌取人造成的先入为主的偏见，领导者要把握好以下几点：

第一，提前做好功课，防止以貌取人。领导者在择人时，对参加竞聘的人员要进行前期调查，特别是对那些关键岗位的管理人员，这一点是非常重要的。前期调查可以详尽地了解这个人的专业知识、与人相处的人格品行、对待事情的态度等。这样做既可以避免第一次相见时以貌取人的错误，又可以准确地判断这个人对岗位的适合度。

第二，给自己心理暗示，告诉自己忽视表象。领导者在面对前来参加竞聘的人员时，要在心里悄悄提醒自己不可犯先入为主的错误，在与对方交谈时尽可能谈论与工作岗位相关的问题，从中找到自己需要的答案。

领导者如果能够做到以上两点，就不会因为一个人的外貌漂亮而录取一个与岗位不匹配的人，也不会因为一个人的相貌丑陋而错失一个难得的人才。

修炼领导力，切不可先入为主，听信谗言。"恶人先告状""先发制人""下马威"等都是利用首因效应占得先机。在日常工作中，这种情况也时有发生。

工作中，很多人对工作马马虎虎，却喜欢打小报告，甚至是恶人先告状，以此来取得领导的喜欢。面对这样的人，作为领导者，又该如何应对呢？

面对下属的进言，首先要明辨是非。领导者对事对人，应该有自己的观点、立场，不随便附和别人。面对下属的进言，要进行调查考证，搞清楚事情的来龙去脉，做出审慎的判断后再下定论。若是为了集体利益，要给予肯定；若是为了个人利益而挑拨离间的，就要谨慎对待。

第四章 做会用人的领导者

要建立公开透明的进言通道，给下属提供表达意见的渠道。如果领导者能够明确拒绝打小报告等不良现象，建立合理的进言机制，这样既可以防止那些举止不端的人有机可乘，又可以为那些心中有想法的人开辟表达意见的途径，从而使谗言止于门外，谏言得到重视。

领导者还要加强自身的修养。有些领导人本身就很喜欢听阿谀奉承的话，喜欢听小报告，也喜欢与一些爱诋毁他人的人为伍。这样就给那些居心叵测者提供了机会，所以要杜绝听信谗言，领导者自身的修养亦不可忽视。

"听言之道，必以其事观之，则言者莫敢妄言。"摒弃谗言，就要以事实说话；远离谗言，就要抵制溜须拍马；杜绝谗言，就要树立扶正祛邪的风气。

领导者要想在择人用人时不犯先入为主的错误，就要避免以貌取人、听信谗言，保持清醒的头脑，做到明察秋毫。

【延伸阅读】

"首因效应"提醒我们要避免先入为主的影响，由此我们又会联想到"近因效应"，指的是当人们识记一系列事物时，对末尾部分项目的记忆效果优于中间部分项目的现象。

大家一直认为"近因效应"与"首因效应"相反，是因为"近因效应"强调的是人们对后期记忆印象深刻，而"首因效应"强调的是人们对首次记忆印象深刻。

我们再来认真分析一下"近因效应",它是指在交往过程中,我们对他人最近、最新的认识占了主体地位,掩盖了以往形成的对他人的评价。既然强调的是对最近、最新的认识印象深刻,如果我们屏蔽之前的印象,也就是说我们忘记了之前的印象,或者说当作之前的印象不存在,那么最近、最新的认识其实也就是首次印象。

包容下属的错误
——波特定律

宽宏精神是一切事物中最伟大的。

——欧文

【导读】

有一项针对管理者的调查,问题为当你的下属犯了错,你认为最有效的处理方式是什么?在参加此项调查的200名管理者当中,60%选择了严厉地批评,以示警告。调查二针对员工,问题为当你犯了错误,你认为部门负责人采取什么样的态度你更容易接受、更有利于你工作的改进?70%的员工选择的是单独批评、善意地指导。

此项调查显示了在对待批评问题上双方当事人所存在的差异,这刚好验证了心理学上的"波特定律"。当遭受许多批评时,下级往往只记住开头的一些,其余的就不听了,因为他们忙于收集论据

第四章 做会用人的领导者

来反驳开头的批评。

面对下属犯的错误，管理者通常愿意选择直接批评，而下属则不愿意接受严厉的批评，这就解释了为什么批评总是不能取得预期的成效。

【领导力修炼】

其实，不爱听批评的话，听到批评就想解释、反驳，几乎是人的一种本性。而面对领导的批评，解释和反驳的心理会更加强烈，因为这里面包含了一个"利益"因素。

从心理学的角度讲，存在利益关系的双方，如果对方否定你，也就是在降低甚至是否定你的价值，结果是你不能从对方那里取得预期的收益。

从人性的角度讲，当收益降低的时候，心里就会有抵触情绪，就会反抗，会竭力争取利益最大化。

当受到领导的批评时，我们在潜意识里就会提醒自己受到了否定，这会涉及相关利益，比如，自己的形象遭到破坏，职位晋升将会遇到阻力，工资奖金会受到影响，等等。这时候辩解的心理是急迫的，反抗的本能就会立马被激发出来。

作为领导者，对于这种人性的把握是必要的，因为这关系到你的领导力提升。把握了人的这种本性，在管理过程中就要避免此类矛盾的产生，遇到下属犯了错误时，不要轻易进行批评，更不要使用暴力色彩浓厚的批评。

修炼领导力，面对下属的错误，要学会包容。俗话说，有容乃大。面对下属的无心之失，领导者一定要有包容心。

三国时期，常胜将军赵云在天水关一战中被姜维大败，丞相诸葛亮不但没有怪罪他，反而客观分析敌我态势后主动检讨了自己的指挥失误，主动承担失败的责任，并宽慰赵云，使赵云备受感动，日后对蜀国更加忠心耿耿。

常胜将军赵云都会有失败的时候，作为普通人更难免会犯错误，特别是一些经验不足的职场新人，工作中出现差错在所难免，这时候领导者如果能够多加包容和理解，相信他们会加倍努力工作，回报领导的宽容和爱护。

修炼领导力，要允许下属犯错误，鼓励下属的创造性。墨守成规的下属不会给工作带来突破和惊喜。创新是在不断地犯错误中发展起来的。

作为领导者，面对下属的错误，不要把目光锁定在错误本身，要透过表象看它的本质。杰克·韦尔奇曾经说过，管理者过于关注员工的错误，就不会有人勇于尝试；而没有人勇于尝试比犯错误还可怕，它使员工故步自封，拘泥于现有的一切，不敢有丝毫的突破和逾越。

面对下属的错误，学会用鼓励代替批评。领导者要肯定下属对工作肯钻研的态度，激励其不断探索和尝试，并帮助下属解决探索过程中遇到的困难和问题。

西门子公司对待员工的错误，态度是：我们允许下属犯错误，

第四章 做会用人的领导者

如果那个人在几次错误之后变得"茁壮"了,那对公司是很有价值的。

优秀的员工不在于其工作中保持不犯错误的纪录,而在于其是否敢于承担风险,勇于尝试新的方法,并善于从错误中总结经验,获得收益。

修炼领导力,要学会换位思考,做到理解下属。当下属犯错误的时候,不急于进行批评,而是站在对方的角度考虑问题,帮助下属找到出现问题的原因。

合格的领导者不会一味指责和批评下属的错误,而是宽容地对待下属,变惩罚为鼓舞。当然宽容不等于纵容,而是要设身处地为下属着想,帮助他们找出错误的原因,鼓励他们改进工作思路,并胜任这份工作。

当下属确实不能完成工作时,领导者也不能只是抱怨下属,而是要找到问题的症结,是否当初的安排本身就欠妥?如果真的是这样,还要帮助下属完成角色的转换。

作为领导者,面对下属的错误,如果能够进行换位思考,处处为对方着想,相信下属也会更加尊重你,同时会更加努力地工作。这样取得双赢的结果,何乐而不为!

【延伸阅读】

"波特定律"给我们的启示是,作为领导者不要总盯着下属的错误,也不要总是批评下属,要懂得包容。

其实,批评也是一种重要的激励方式,在领导者的管理实践中发挥着重要作用。领导者使用批评时，如果能够掌握好度，并能够讲究批评的技巧，批评就会取得事半功倍的效果。

讲到批评的技巧，就要回避"超限效应"。当下属犯错时，领导者在批评前首先要考虑对方的承受范围，同时要避免以下行为：其一，在公众场合让对方下不来台；其二，反复批评；其三，诋毁对方人格。

当然，若是能将批评上升为艺术，相信下属会乐于接受。

第五章

做懂团队经营的领导者
——巧施妙手让员工合作共赢

心理学与领导力

团队繁荣的根本是合作
——史提尔定律

能用众力，则无敌于天下矣。

——孙权

【导读】

有个人和上帝讨论天堂和地狱。上帝对他说："来吧，我让你看看什么是地狱。"他们走进一个房间，一群人围着一大锅肉汤，但每个人都一脸饿相、瘦骨伶仃，虽然他们每个人都有一把汤勺，但汤勺的柄比他们的手臂还长，自己没办法把汤送进嘴里。上帝又带他来到天堂，这里的一切和刚才那个房间没什么不同，一锅汤、一群人、一样的长柄汤勺，但大家都身体健康。"为什么，"这个人不解地问，上帝微笑着说："很简单，在这儿他们都会喂别人。"

这个故事告诉我们一个简单的道理：合作才可以共赢。它正好验证了一个著名的心理学原理——"史提尔定律"，即合作是一切团体繁荣的根本。

【领导力修炼】

史提尔定律告诉我们，合作是一切团体繁荣的根本。但是团队

第五章
做懂团队经营的领导者

成员间要做到合作,却不是一件简单的事情,因为总有那么一些人喜欢突出个人形象,崇尚英雄主义。

歌德说:"不管努力的目标是什么,单枪匹马总是没有力量的。"

作为团队的领头羊,领导者必须理解合作的精髓,充分发挥团队成员的优势,促进大家精诚合作,达成团队目标。

修炼领导力,领导者要明白团队合作的重要性,重视团队合作精神。虽然一个人的力量有时候也是不可小觑的,但是当与集体的力量相比时,其又是微不足道的。

两个人,一篓鱼,一副渔具,任务是穿越一段无人区,看谁能存活下来。第一组得到鱼的人出发不久就吃光了所有的鱼,拿着渔具的人幻想着很快就可以钓到很多鱼,结果两个人都饿死了。第二组一起有计划地食用这些鱼,在鱼即将没有的时候,遇到了鱼塘,结果两个人都穿过了无人区。

这个故事都说明了团队成员间需要优势互补、精诚合作,才能达到目标,体现了团队合作的重要性。

领导者要明白团队合作的重要性,也要践行团队合作的精神。在工作中,领导者不能忽视整体作用,而凸显个人力量,要与下属协调配合、共同努力。

修炼领导力,领导者要加强团队建设,促进团队合作。领导者必须注重团队建设,加强团队的凝聚力,展现积极健康的团队风貌。

三个和尚在一所破寺院里相遇。"这所寺院为什么荒废了?"他们提出了这个问题。"必是和尚不虔诚,所以菩萨不显灵,"甲和尚说。"必是和尚不勤,所以庙产不修,"乙和尚说。"必是和尚不敬,所以香客不多,"丙和尚说。

三人争执不休,最后决定留下来各尽所能。于是,甲和尚礼佛念经,乙和尚整理庙务,丙和尚化缘讲经。果然香火渐盛,寺院恢复了往日的壮观。三人对造成这种情况的原因再次争执不休,结果荒废了自己的正业,渐渐地寺院里的盛况又逐渐消失了。

故事中寺院由衰至盛,又由盛至衰,原因为何?三个和尚即为一个团队,起初他们目标一致,优势互补且各尽所能,故寺院香火兴旺。但是这种协调一致是无意识的,不成规章的,所以最终还是失败了,可见加强团队建设的重要性。

作为领导者,加强团队建设就要目标明确一致,团队成员间优势互补、精诚合作,还要有合理规范的规章制度,只有这样才能保证团队的健康有序发展。

修炼领导力,领导者要发扬团队合作精神。既然我们已经明白了团队合作的重要性,也懂得了如何加强团队建设,促成团队有效合作,就要发扬团队合作的精神。

发扬合作精神,既是对团队现有成员的鼓舞,也是对后来人的一种精神传承。

只有合作,才能让团队在不利的环境中取得生存和发展的机会,也只有把个人融入团队,凭借团队的智慧和力量,才能保障个人的生存与发展。

一只小蚂蚁想要搬动一块饼干,它先用触角顶饼干,又用前脚推着饼干前进,可饼干就是不动。它在饼干前来回走动,然后离开了。不久一大群蚂蚁向这块饼干走来,分别在饼干两边排成两列,大的用后背扛,小的用触角顶,终于把饼干抬了起来,搬回了巢穴。

所以,我们要学会团结合作,互相帮助,并且要将这种精神传承发扬,以利于团队的积极发展。

【延伸阅读】

"史提尔定律"强调合作的重要性,团结就是力量。

合作固然重要,但是并非任何情况下都适宜合作。不适宜合作的几种情况包括:

决策。虽然决策者面临的内外部环境日益复杂多变,许多问题的复杂性不断提高,团队决策日益受到重视,但是由于团队决策使得参与决策者的责任分散、效率低下,往往利大于弊,所以我们可以建立决策团队,但其作用仅限于提供参考意见,决策权力还是要集中。

临时搭班子。在完成一项重要而且时间紧迫的工作时,切忌临时搭班子。因为合作最忌讳的就是成员间没有默契和良好的配合,特别是彼此之间还具有敌对意识。

目标利益不一致。当大家的目标利益不一致时,合作中彼此的合力就会互相抵消,心不往一处想,劲不往一处使,工作中不能互相支持,承担责任时又互相推诿。

杜绝坐享其成
——搭便车效应

厚者不毁人以自益也，仁者不危人以要名。

——《战国策·燕三》

【导读】

某花园业主因房屋迟迟不能交钥匙入住的问题而对开发商大为不满，维权积极分子打算联合众业主起诉开发商。该花园共有业主1029名，报名参与的仅130人，实际缴纳费用支持维权的不过98人。最后维权分子连集体诉讼的参加人数都达不到法律要求，而在维权过程中积极分子曾遭围攻、殴打、恐吓，除少部分业主伸出援助之手外，不少业主连同情的表示都没有。

之所以会这样主要是很多人抱着"搭便车"的心理，如果其他人维权成功，他们可坐享其成，维权失败他们的现实利益也没有受到损害。

诸如上诉案例中的"搭便车"心理其实在生活中处处可见，而"搭便车"理论最先是由美国经济学家曼柯·奥尔逊提出，基本含义是不付成本而坐享他人之利。

由"搭便车"心理产生的一种社会心理现象，即为"搭便车效应"。

它是指在利益群体内，某个成员为了集团的利益所作努力，集团内每个人都有可能受益，但其成本则由这个人承担。

【领导力修炼】

在现实生活中，"搭便车"问题随处可见，其所产生的不良后果也引人深思。特别是在社会公共利益面前，这种现象更是屡见不鲜，主要原因是搭便车效应与人类的本性紧密相连，在团体利益面前就会形成一种"搭便车"的心理预期。

作为领导者，如何杜绝团队成员的"搭便车"现象呢？这是本节领导力修炼需要讨论的重点。

修炼领导力，首先要深刻认识"搭便车"的危害。如果一个团队存在有人搭便车的现象，那么团队的整体效率就会降低；如果一个团队中存在很多人搭便车的现象，那么团队的目标就会失败。

作为领导者，在团队合作过程中，不能只强调合作，还必须引入良性竞争。

如果过分强调合作效应，就会使部分成员有意识地投机取巧，不愿意付出努力和承担风险，而抱有"搭便车"心理。

同时，"搭便车"还会降低团队的积极性、创造性和凝聚力等。由于忽视成员的个人需求，抑制了他们为个人利益而努力的动力，其惰性就会增强，这样团队的工作就会失去活力，也就谈不上创新与合作。

修炼领导力，要充分了解"搭便车"现象产生的根本原因。只有认识了搭便车现象形成的原因，才能有效预防团队成员搭便车心理预期，最终杜绝"搭便车"现象。

产生"搭便车"现象的原因很多，最重要的原因是无差别的个体利益。在这个团队里过分强调群体利益，而忽视个体利益差异，所谓的"平均主义"使得部分成员认为，努不努力到最后大家的收获都是一样的。

另外在团队合作中，很多人不熟悉合作技巧，对于合作过程中的个人角色不能够很好地把握。虽然大家都明白在团队合作中客观上存在着共同的利益，但是如何让共同利益最大化，是他们所不明白的。在实际工作中，就会有个别人缺乏主动性，产生"搭便车"的心理预期。

还有就是团队规模庞大，领导者不能很好地监督团队成员中的所有人，也不能够及时掌握团队成员的动态，这样就给部分成员留下了"搭便车"的机会。

修炼领导力，要科学杜绝团队成员搭便车现象。在了解了"搭便车"现象的危害及形成原因之后，领导者就要运用科学的方法来杜绝"搭便车"现象。

团队合作既要强调群体利益，也要重视个体贡献；既要合理分配成员角色，也要重视成员专业能力培训；既要强调群体力量，也要重视团队规模。

领导者在规划团队时，还必须考虑团队成员的数量。规模适中的团队，既可以激发成员的积极性，领导者也可以有效监督成员的思想状态和工作动态，当然领导者不能制造紧张气氛。

当一个团队组建形成后，每个成员都站在自己的角色岗位上，但是这个团队能不能合理运转，取决于团队成员对自己角色定位的准确把握。所以，领导者不能忽视团队成员的岗前培训，要帮助他们更快地融入团队工作。

另外，当团队工作顺利开展之后，团队利益是我们的目标，强调团队利益最大化是我们的追求。但是，实现这个目标需要每个成员共同努力。如果只强调整体利益，而忽视了成员间的个体差异，就会适得其反。所以在奖励机制上，要破除"平均主义"的做法。

人的心理作用是很微妙的，如果有一个人在团队工作中搭便车，就会有更多的人效仿。一般这种现象的产生是因为工作的分配不明确，个人贡献与所得报酬没有明确的对应关系，最终导致团队工作无效。

团队工作中，杜绝搭便车现象，就是要消除这种不利因素，并最终达到个人利益与集体利益最大化目标。

【延伸阅读】

"搭便车"现象是指在利益群体内，由个别成员承担所有人的利益成本。其根源是利益群体成员的投机心理，一方面投机者抱着零成本收益的侥幸心理，另一方面团队缺乏对个体的考核机制。

"搭便车"多数情况下会产生消极不利影响，但是在某些情况下也会有其有利的一面。比如，刚起步的小企业，可以"搭"相关大企业的"便车"，迅速提高自己的知名度；产品概念上的"搭车"，利用强势品牌宣传而自己的产品紧随其后；等等。

另外，生活中也有一些"搭便车"现象，比如，有人放烟花，周围的人都可以欣赏；广场上播放电影，很多人都可以观看；邻居家门前的路灯，也可以为我们照明；等等。诸如此类，我们不需要故意去占谁的便宜，却可以获得某种利益的"搭便车"行为，也不应该遭到否定。

及时清除团队中的"烂苹果"
——酒与污水定律

夫为天下者，亦奚以异乎牧马者哉？亦去其害马者而已矣。

——《庄子·徐无鬼》

【导读】

在一次管理培训课上，讲师把一匙酒倒进一桶污水中，然后问大家："这桶水如何？"大家说："这是污水。"讲师又把一匙污水倒进一桶酒中，问大家同样的问题，大家说："这仍然是一桶污水。"这就是著名的"酒与污水定律"。

第五章
做懂团队经营的领导者

【领导力修炼】

"酒与污水定律"认为，具有超强破坏力的人的负面影响是巨大的。如果将一个极具破坏力的人安置在一个优秀的团队里，其结果是整体团队将遭到破坏；如果将一个优秀的人安置在一个破坏力极强的团队里，就犹如滴水入海、无影无踪，团队的局面依然糟糕。

作为领导者，如何避免自己的团队里出现这种害群之马呢？

修炼领导力，首先要从源头上拒绝害群之马。领导者在组建团队时，选人用人必须经过慎重考察，以防止用人不当。

根据"中国企业家调查系统"第十届企业家成长与发展调查，对于"企业经营者最容易出现的问题"，3539位企业经营者中有50.8%的人认为是"用人不当"。

用人不当的根源在于领导者选择人才时方法不当和标准不当。领导者在选择人才时，没有一个宏观上的把握和微观上的甄别，没有建立一套科学合理的选人机制。

领导者选择人员时要对其提前进行考核，避免需要时临时抱佛脚，草率招纳新人；也不可碍于人情关系招纳人员；还要注重人才的长远效益和人岗匹配原则。

领导者在用人标准上科学合理，避免只看重能力而忽视道德，也不可忽视"个性"内涵的积极性，另外也不能盲崇高学历、高资历、海归等。

例如，某针织厂两任厂长的任用直接导致了红红火火的针织厂衰亡。前任厂长是个老党员，清廉且工作兢兢业业，但是工作思路僵化，产品不注重创新，导致企业亏损。后任厂长年轻敢干，头脑灵活，却变卖厂房，贪污公款，最终企业破产。

上述案例很好地解释了选人用人的重要性。在源头上杜绝不当人员的进入，是领导者的责任，也是保持组织健康的前提。

修炼领导力，要防微杜渐，及时遏制害群之马的产生。在源头上杜绝了害群之马，还不能保证组织成员不会腐化变质，所以还要防微杜渐，及时引导组织成员良性发展。

防微杜渐体现了预防为主的原则。中医上也十分重视早期诊治，《内经》说："善治者治皮毛，其次治肌肤，其次治筋脉，其次治六腑，其次治五脏。"

疾病的产生是一个由浅入深的发展过程，人才的腐化也是一个循序渐进的过程。优秀的领导者要对人才的恶变从萌芽状态进行纠正，若是发展到质变就无药可救了。

小张是某企业采购部的一名采购人员，经常与不同的供应商进行业务洽谈，由于工作努力负责，并且熟悉业务渠道，为企业的发展做出了很大的贡献。后来领导将他提升为采购部的负责人，一开始小张还心情激动，更加努力工作。但由于没有快速的上升通道，又没有了新鲜感，不久后，他就懈怠了，于是工作马马虎虎，开始吃回扣，最后竟然与供应商沆瀣一气，以次充好，损害企业的利益。

通过小张的变化，我们可以看出在组织的发展过程中，人员思想情绪上的变化至关重要，如果领导者能及时发现小张的这种变化，并对其进行疏导和纠正，结果就会改变。所以，作为领导者要对隐患及时排除，以免酿成更大的祸端。

修炼领导力，管理过程中及时发现并剔除害群之马。在组织发展中，难免有一些人最后还是会成为危害，而清除害群之马，领导者责无旁贷。

有一次，黄帝要到具茨山去拜见贤人大隗，来到襄城原野时迷失了方向。这时，正巧遇到一个放马的孩子，便问他："你知道具茨山在哪里吗？"孩子说："当然知道了。""那么你知道大隗住在哪里吗？"那孩子说："知道。"黄帝说："这孩子真叫人吃惊，不但知道具茨山，还知道大隗住在哪里。那么我问你，你是否知道如何治理天下呢？"孩子推辞不说。黄帝又继续追问。孩子说："治理天下，和我放马又有何不同呢？只要把危害马群的马驱逐出去就行了。"

治理天下犹然如此，领导者更要明白这个道理。作为领导者，如果发现组织中有人已经从根本上腐化变质，成为污水，不可能净化成清水，要毫不犹豫地将其驱逐出去。

【延伸阅读】

"酒与污水定律"告诉我们，是污水就要将其处理掉，不能让其污染酒水。在管理实践中，就是要将那些破坏组织发展的害群之马驱逐出去。

但是有些人认为，在组织管理中，"污水"也是可以与"酒水"混用的，但要将其分配到合适的位置。但是酒与污水混合，酒确实会变成污水，不能饮用。

其实，这是对"污水"的理解上存在误差。主张"污水"可以和"酒水"混用者，认为可以将"污水"的不利一面回避，利用其有利的一面，或者还可以对其进行挽救。但是他们忽略了一个基本事实：可以挽救的还不是绝对的"污水"，而对"污水"长处的利用则又忽略了其破坏性。

和尚多了没有水喝
——合作陷阱效应

一致是强有力的，有纷争则易于被征服。

——伊索

【导读】

"合作陷阱效应"是指组织活动中，一个人敷衍了事，两个人互相推诿，三个人则永无成事之日。

1964年3月，美国纽约市克尤公园发生一起震惊全美的谋杀案。凌晨3点，一个年轻的酒吧女经理受到凶手追杀，她不停地奔跑呼救，有38户居民听到或看到了，但没有一个人出来制止，甚至没有一人拨打报警电话。美国媒体异口同声谴责纽约人的异化与冷漠，然而心理学家巴利和拉塔内对这种现象给出了更好的解释——"旁观者效应"。

为了证明这种效应,巴利和拉塔内进行了专门试验。他们邀请72名不知真相的参与者,另外安排一个人假扮成癫痫病患者,让他们以"一对一"或"四对一"两种方式相互间使用对讲机通话,保持远距离联系。结果表明,在交谈过程中,当假病人大呼救命时,前者有85%的人去报告有人发病,而后者只有31%的人采取了行动。

其实,"旁观者效应"是"合作陷阱效应"的经典案例,验证了组织中成员间互相依赖、相互推诿的心理。

【领导力修炼】

作为组织,其成员数量自然是大于一。这样在组织活动中,对于一个任务大家都想做旁观者,到最后竟然没有一个人行动,其结果是组织工作停滞不前、效率低下。

"合作陷阱效应"的关键是组织成员不愿意合作,都希望自己不用付出,坐享其他人的劳动成果,结果到最后只能自食其果,所有人都没有利益分配。

作为领导者,如何破解"合作陷阱效应"呢?在组织活动中,要想使组织成员间互相合作,共同实现组织目标,领导者必须克服组织成员的"旁观者"心理。

修炼领导力,克服组织成员的旁观者心理,就要给其明确定位。给组织成员定位,其实就是在组织活动中,对组织成员明确责任,令其各司其职,杜绝互相推诿的漏洞。

在组织活动中，每一个人都应该知道自己能够做什么，需要做什么。而领导者则必须清楚每个成员各自能够做什么，每件事情是否有专人负责。即所谓的"人人有事做，事事有人做"。这样就可以避免每个人都当旁观者。

一个和尚挑水喝，两个和尚抬水喝，三个和尚没水喝。一个和尚责任明确，两个和尚还能合理分工，但是三个和尚时就存在旁观者了。由于人性中自私的一面，大家都想不劳而获，这时候怎么办？当然需要一个领导者，对工作进行合理分工，明确组织成员各自的责任，如轮流或两两合作。

可见，在组织工作中，只有合理分工并明确各自的责任，才能保证组织的运转。

修炼领导力，克服组织成员的旁观者心理，就要对其定诺。对组织成员定诺，实际就是要结合组织成员的心理预期及目标管理，对其进行物质和精神激励。

尽管组织活动中领导者已经对工作职责进行了明确分工，但是人都有从利心理，没有回报的强迫劳动是无法维持长期合作的，最终会以群体反抗的形式爆发。

给组织成员的工作支付合理的报酬和奖励，这既有利于调动其工作积极性，也能克服其事不关己高高挂起的旁观者心理。当然，这种报酬既要符合组织的整体利益，也要满足组织成员的心理预期。

而作为一种激励手段，这种报酬不仅仅是简单的工资福利，还要符合组织成员自我价值的肯定。

修炼领导力，克服组织成员的旁观者心理，就要给其定律。对组织成员定律，目的就是给组织成员必要的约束，并为其树立行为准则。

尽管大家都有事可做，也努力做事，但是若做事时目标不明确，方向不对头，并且互相争功邀宠，其结果又会适得其反，最终组织工作还是一事无成。

天鹅、梭子鱼和虾一起拉车，它们三个都使出浑身力气，但是车还是原地不动。原来，天鹅拉着车拼命往天上飞，虾拉着车一步步向后倒拖，梭子鱼则朝着池塘把车向前推。

就力气而言，它们三个是拉得动这辆车的。可是，他们都朝着有利于自己的方向前进，而彼此之间的利益方向又各不相同。这就好比物理学中的合力，各个力的方向如果一致，合力才会最大，反之则可能互相抵消而为零。

所以在组织工作中，领导者必须设立一个明确的目标，并为达成此目标建立一套行之有效的行为规范。俗话说，律令明确，才会行之有效。

解决好上述问题，组织成员才能有效合作，才能预防组织成员的旁观者心理，破解组织活动的"合作陷阱效应"。

【延伸阅读】

"合作陷阱效应"强调组织成员间互相推诿，导致组织目标最终不能实现的现象，实质是指合作难以达成。

其实，人与人的合作不是简单的数量相加，其中存在着多种关系。1+1究竟是大于2，还是小于1？在组织工作中，取决于组织成员间的合作有效性。

还是三个和尚喝水的问题，如果各自打小算盘，其结果自然是没有水喝，合力小于"1"。如果合理分工，轮流挑水，其结果就是大家既有新鲜的水喝，又不必天天去挑水，合力自然大于"2"。

用优秀的企业文化凝聚人心
——凝聚效应

企业文化是企业的灵魂，是凝聚员工共同奋斗的向心力。它就像一个磁场，看不见，摸不着，却可以深刻地感受到。

——南存辉

【导读】

"凝聚效应"指的是在别的因素保持不变的状态下，企业的凝聚力越大，这个企业的生产效率越高，企业也就越有活力。这一理论是由社会心理学家沙赫特提出的。

沙赫特将被试分成5个组做棋盘实验，在严格控制的条件下检验"群体凝聚力"和"对群体成员的诱导"这两个因素对生产效率的影响。在实验中，以凝聚力和诱导作为实验的自变量，生产效率作为因变量，5个组同时制作棋盘。前16分钟5个组的工作效率基本相同，然后主试提出诱导。

A组：高凝聚力，积极诱导"提高生产量"；

B组：高凝聚力，消极诱导"不要工作太快"；

C组：低凝聚力，积极诱导"提高生产量"；

D组：低凝聚力，消极诱导"不要工作太快"；

E组：对照组，不做任何要求。

实验结果

A组生产效率明显提高；

B组生产效率明显抑制；

C组生产效率有所提高，但是没有A组明显；

D组生产效率有所抑制，但是没有B组明显；

E组生产效率没有什么改变。

由实验结果发现，高凝聚力条件比低凝聚力条件更易受诱导因素的影响，这说明群体凝聚力越高，其成员就越能遵循群体的规范和目标。

【领导力修炼】

由于高凝聚力的团队更容易受诱导因素的影响，因此在团队合作中，一方面要加强团队的凝聚力，另一方面也要注意诱导因素的正反性。只有高凝聚力的团队、正性的诱导才是社会生产发展所需要的。

在现代企业管理中，如何凝聚起一支积极健康的团队？最好的答案就是优秀的企业文化。

修炼领导力，建设优秀的企业文化，要树立以人为本的核心价值观。优秀的企业文化必须基于员工、客户等利益相关者的基本需求。

以员工为本，既要满足员工物质生活需求，还要重视员工的精神文化需求。在市场化的今天，很多人认为以人为本首先要以客户为本，客户的需求至上。其实，企业良性循环的起点是员工，因为员工是价值的创造者。

以客户为本，满足客户需求，就必须明确客户的基本需要和潜在需要。企业产品生产不是拍脑袋决策，想生产什么就生产什么，而是以客户需求为导向的。满足客户需求，不只是要实现产品功能，还要关注产品的附加作用，比如，给客户好的心情、美的感官享受等。

企业的成长发展既要立足于员工和客户，也要重视其他利益相关者，包括合作伙伴、间接利益受众等。

修炼领导力，建设优秀的企业文化，要建立诚实守信的基本经营理念。企业发展的目标是追求利益，而要实现这一目标，就必须确立一套合适的经营理念，包括市场、竞争、效益、创新等方面。

然而企业性质不同、产品不同、形势不同、发展阶段不同，其经营理念自然不尽相同，但是诚实守信始终是一个企业取得发展的基本前提。

有个商人过河时船沉了，于是他大声地呼救，有个渔夫闻声赶来。商人急忙喊："我是济阳最大的富翁，你若救了我，给你100两金子。"待被救上岸后，商人却不守信诺，只给渔夫10两金子。

后来这个富翁又一次在原地翻了船,有人欲救,那个曾被他骗过的渔夫说:"他就是那个不守信用的人!"于是商人淹死了。

一个人若是失信了,就会失去他人的帮助;一个企业若是失信了,就会失败。作为领导者,必须带领全体员工切实贯彻诚实守信的经营理念,把诚实守信作为经营的基本准则,只有这样才能得到顾客的信任,企业才能永续发展。

修炼领导力,建设优秀的企业文化,要追求务实创新的精神。务实就是注重现实,崇尚实干;创新就是立足实践,开拓进取。企业的发展既要务实,也要创新。

"天下大事必作于细,古今事业必成于实",企业要想不断发展进步,最基本的条件就是务实。作为领导者,绝不能夸夸其谈,工作上一件一件抓落实,一项一项抓成效,建立一支务实奋进的团队。

企业的发展还必须努力进取,积极鼓励员工开拓创新的精神,只有这样企业才能永葆青春。企业发展到一定阶段,其产品的竞争优势就会降低,管理模式就会落后,员工的激情就会低迷,只有不断创新,企业才会有活力。

务实是创新的基础,创新是务实的追求。而务实创新的精神,是企业开拓进取,不断发展的保证。

无论是以人为本的核心价值观,诚实守信的基本经营理念,还是务实创新的精神,其根本目的都是塑造优秀的企业文化,以达到凝聚人心、增强团队合作意识、提高企业生产效率,实现企业效益最大化的目的。

【延伸阅读】

"凝聚效应"是指在其他条件一定的情况下,增强企业的凝聚力,可以提高生产效率。它强调了凝聚力对企业生产的重要性。

企业要发挥凝聚力的作用,其员工首先要处于凝聚状态。而凝聚状态的保持,需要一个适宜的温度,比如,水在液体状态时它是处于凝聚状态的,但超过100摄氏度这个临界温度时,它的扩散趋势就会不断增大,最终成为气体而蒸发。

企业员工凝聚状态的临界温度,就是考验领导者领导力的一个基本参数。本文主要从企业文化这一个角度来阐述。当然,优秀的企业文化是在企业员工凝聚状态临界温度的正向范围之内,故能起到凝聚人心的作用。

优势互补才能成就强大团队
——皮尔·卡丹定理

尺有所短,寸有所长;物有所不足,智有所不明。

——屈原

【导读】

"皮尔·卡丹定理"是指企业用人时一加一不等于二,搞不好等于零。它由法国著名企业家皮尔·卡丹提出,强调企业员工之间的合作关系，良好的合作能够增强企业效益，反之则会损害企业效益。

现今有些寺庙的布局是庙门口笑脸迎客的是弥勒佛，在他的北面则是掌管香火的黑脸韦陀。但相传在很久以前，他们分别掌管不同的寺庙。弥勒佛热情快乐，所以来的人非常多，但他没有好好管理账务，入不敷出；而韦陀虽然管账是一把好手，但成天黑着个脸，来的人越来越少。佛祖在查香火的时候发现了这个问题，就将他们俩放在同一座庙里，在两人的分工合作下，庙里一派欣欣向荣的景象。

这则故事主要揭示了"皮尔·卡丹定理"的一个方面，即优势合作能够带来良好效益。它给我们的启示是组织在用人时，如果能够做到成员之间的优势互补，那么人与人的合作就会使一加一大于等于二。

【领导力修炼】

用人之道，最重要的不是人才数量的多寡，而是人才的优势搭配。好的搭配则事半功倍，反之则会事倍功半。

研究表明，在管理中如果实际管理人员比最佳人数多两倍，工作时间就要多两倍，工作成本就要多四倍；如果实际管理人员比最佳人数多三倍，工作时间就要多三倍，工作成本就要多六倍。

如何才能够做到将组织成员合理搭配，发挥其各自的最大优势，实现人与人的良好合作，使组织效益最大化，这是每一个领导者必须具备的能力。

修炼领导力，要实现人员优化，首先要知人。知人，就是要知道这个人怎么样？会做什么？擅长什么？

讲到知人识人，诸葛亮提出了七条途径：其一"问之以是非而观其志"，其二"穷之以辞辩而观其变"，其三"咨之以计谋而观其识"，其四"告之以祸难而观其勇"，其五"醉之以酒而观其性"，其六"临之以利而观其廉"，其七"期之以事而观其信"。这七种途径确实对知人识人有很大的帮助，概括而言，知人既要知其能，还要考其德。

现实社会中领导者想要准确识人，就要多学习，多研究，多实践。要从细节中了解一个人的心理特征和行为特性，并考察其专业特长，进而把握其优势特点。

了解一个人的专长固然重要，但是知人识人最关键的是要了解其个人修养及责任意识。一个人如果缺乏道德涵养，其行为必然不受社会约束，而缺乏责任感就必然不会敬业，即使专业水平再高，也不会有正面的产出。

修炼领导力，要实现人员优化，还要善任。一个效益低下的组织，虽然与组织成员的能力和付出有一定的关系，但是更多时候是领导者管理无方的结果。

就好比张三的专长是绘图，却被安排做工头；李四的性格豪爽，却让其去监工；王五的腿脚不灵便，却被分去做搬运工；等等。

一个合格的领导者，必须要做到善任。作为领导者，既然已经知道了组织成员的专长特点，就应该将其安排到合适的岗位上，充分发挥他们各自的特长。

比如，张三应该负责图纸设计，李四能够做现场管理，王五可以到一些不需要长时间活动的岗位上。这样物尽其用，人尽其才，才能够合理配置资源。

修炼领导力，要实现人员优化，要知人善任。知人善任，领导者不仅要了解组织成员擅长什么，还要知道其欠缺什么，只有这样才能在善任上做到最优组合。

上面我们讲知人，是为了发现其能；讲善任，是为了利用其能。这样固然可以优化组织人员配置，但是却不能达到最优。单个的人在自己最擅长的方面可以达到最优，然而在一个组合关系中，所有的个体最优，其和未必最优。

举一个简单的例子，有三个人A、B、C均擅长绘画，但是A、B还擅长营销，而C却性格内向、心思缜密，另外A的家庭背景是画坛世家。现在有一个人要投资，让他们三个人办一个画廊，怎样安排才是最佳选择？

方案一：A、B、C都只需要提供绘画作品，画廊的其他事务另找专业团队运作。

方案二：招聘职业经理人，与B共同负责画廊营销事务，A、C共同负责画作来源及鉴别。

方案三：由A担任画廊经理，B担任画廊营销总监，C负责画廊财务管理，其他人员进行社会招聘。

显然，方案三是最佳搭配。方案一不能突出投资者选择A、B、

C的目的，他们三个人的作用也不能实现增值；方案二，A虽然拥有画作的来源及鉴别渠道，但是却缺乏积极工作的动力，而C却在做着一件自己力所不能及的工作。

总之，知人善任，只有了解组织成员的专长，才能安排其到合适的岗位上；也只有知道了其缺点，才能避免将其放到错误的位置上。只有组织成员间优势互补，才能实现组织目标，实现人与人的合作一加一大于二的初衷。

【延伸阅读】

"皮尔·卡丹定理"强调人与人合作的效果，而且突出消极的一面，运用到组织管理中，则启示领导者要克服合作中不利的因素，做到知人善任。

然而，很多时候组织的合作不能够达成，其原因为组织成员间的内部竞争。出于人自私的本性，在合作关系中由于分工的不同，最后所得利益必然有所不同，合力中分力的方向发生了偏移，合力自然削弱。

所以，领导者知人善任，不仅要在组织构成形式上下功夫，使组织成员都能够站在最适合自己的岗位上，还要注重组织成员人文价值的培养，并建立行之有效的激励机制，让组织成员始终处于饱满的工作激情中。

第五章
做懂团队经营的领导者

给予和剥夺是相对应的
——互惠关系定律

夫爱人者人必从而爱之，利人者人必从而利之，恶人者人必从而恶之，害人者人必从而害之。

——墨子

【导读】

故事一：燕千鸟不但在凶猛的鳄鱼身上寻找小虫吃，还会进入鳄鱼的口腔中，啄食残留的鱼、蚌、蛙的肉屑和寄生在里面的水蛭，帮助鳄鱼清洁口腔。有时鳄鱼把大嘴一闭，燕千鸟就被关在里边，但是只要燕千鸟用喙轻击鳄鱼的上下颚，鳄鱼就会张开嘴，让燕千鸟飞出来。

故事二：相传在很久以前，一个小镇上有两个游手好闲的人，有一天他们合计去偷镇上王姓人家的大公鸡，但是那只鸡特别聪明，人还在一米远的地方就被它发现了，还张牙舞爪地示威，两个人想尽办法都没偷成。一次两个人在路过酒楼门口时，被一醉汉绊倒了，看着醉汉晕晕乎乎，于是计上心来。回到家里，他们将一把米用老酒一泡，晚上果然把那只鸡弄到了手，于是迫不及待地提着鸡跑到郊外的树林里烤了起来，闻着越来越浓的香味，转过头一看，却发现王家人寻着香味追来了。两个人也顾不上那只烤鸡了，只好直接

心理学与领导力

跑掉！从此，民间就多了一条"偷鸡不成反蚀把米"的谚语。

"给予就会被给予，剥夺就会被剥夺。信任就会被信任，怀疑就会被怀疑。爱就会被爱，恨就会被恨。"这就是心理学上的"互惠关系定律"。正如故事中燕千鸟与鳄鱼的互惠合作，而小偷本想不劳而获，剥夺别人的劳动果实，最后却人财两空一样。

【领导力修炼】

"互惠关系定律"在管理学中的应用，主要是指领导者与下属之间要互相信任、互相关爱、互相支持。

赠人玫瑰，手有余香。领导者要得到下属的信任，首先要信任下属；要得到下属的拥护，首先要关心爱护下属。没有付出，就不会有回报。

作为领导者，在管理实践中要明白给予和剥夺是相互对立的关系。领导者要想让自己的政令行之有效，自己的团队团结友爱，自己的下属忠诚可靠，就要懂得给予和付出，切忌一味索取和剥夺。

修炼领导力，对下属要学会付出。付出就是给予，而很多领导者往往认为支付给下属工资福利，就是对下属的给予，其实那只是交互条件，同时这种给予的主体也并不是领导者个人。

领导者对下属的付出重在情感。在与下属的合作关系中，领导者要放低自己的姿态，把下属当作伙伴、当作朋友，在人格上给予下属平等的地位。在实际工作中，领导者对下属要多理解、多宽容，少挑剔、少责备。

一位老板对自己公司业务骨干流失严重的现象备感为难，老人流失、新人不能到位，订单无法完成，只好请专家来分析原因。经过调查发现，原来一个技术过硬的女厂长在不到一周的时间里痛失两位亲人，但是假后回来上班不仅没有得到同情，反而被逼加班加点完成积压的工作，其他同事过来安慰，还被老板威胁要处罚她，于是她选择了辞职，其他人也因失望而选择离开。

其实付出本身就是一种因果关系，只有付出了才会有回报。领导者对下属付出了情感，下属就会对领导报以尊重和爱戴，也就会更加努力地工作。这样一种良好的合作关系就会形成，团队工作就会顺利展开。

修炼领导力，对下属要给予信任。在社会科学研究中，信任被认为是一种依赖关系。在心理学中，信任是社会影响概念中不可或缺的一部分。

作为领导者，由于对下属工作成果的依赖，就必须给予其信任。而信任下属，就不要轻易怀疑其工作态度及工作能力，怀疑是一切工作失败的根源。

从前有个人丢了一把斧子，他怀疑是邻居家的孩子偷的，在他的眼里，那个孩子的一举一动都像是偷斧子的。但是后来他在土坑里找到了自己遗忘的斧子，再看邻居家的孩子，其一举一动丝毫也不像偷过斧子的样子了。

所以在遇到问题时，切忌毫无根据地瞎猜疑，要调查研究后再做出判断。领导者更是不能对下属轻易质疑，一旦心中是鬼，眼里的一切就都是鬼。人才的流失就会成为必然。

修炼领导力，对下属要懂得感恩。对下属感恩，就是对其努力工作表示感激，也是对其工作成效的回报。

感恩其实是一种认同。领导者对下属感恩，就是对下属的一种认同，而且这种认同是来自我们心灵深处的。

一个人在工作中，常常会遇到困境和迷茫，但是他能坚持不懈地完成领导分配的任务，这本身就是对领导信任的一种回报，也是对工作机会的感恩。

及时地感恩下属的工作，不仅可以赢得下属的信任，也会得到下属的支持。这样，当工作遇到困境时，下属也不会轻易地弃你而去，上下精诚合作，困难一定能够克服。

感恩是一切生命美好的基础，也是一条人生的基本准则，它会使你的心和你所企盼的事物联系得更紧。

给予就会被给予，剥夺就会被剥夺。信任就会被信任，怀疑就会被怀疑。爱就会被爱，恨就会被恨。

【延伸阅读】

"互惠关系定律"强调给予和剥夺是相对应的，给予就会被给予，剥夺就会被剥夺。

这种互惠关系不仅在人类的生活实践中得到广泛应用，在动物界也有很好的体现。

第五章
做懂团队经营的领导者

野蜂常常把巢筑在高高的树上,蜜獾不容易找到它,但是目光敏锐的导蜜鸟在发现了树上的蜂巢后,便会给蜜獾发出信号。蜜獾得到信号便匆匆赶来,爬上树去咬碎蜂巢,赶走野蜂吃掉蜂蜜,而导蜜鸟却站在一旁,等蜜獾美餐一顿后,再去独自享用蜂房里的蜂蜡。

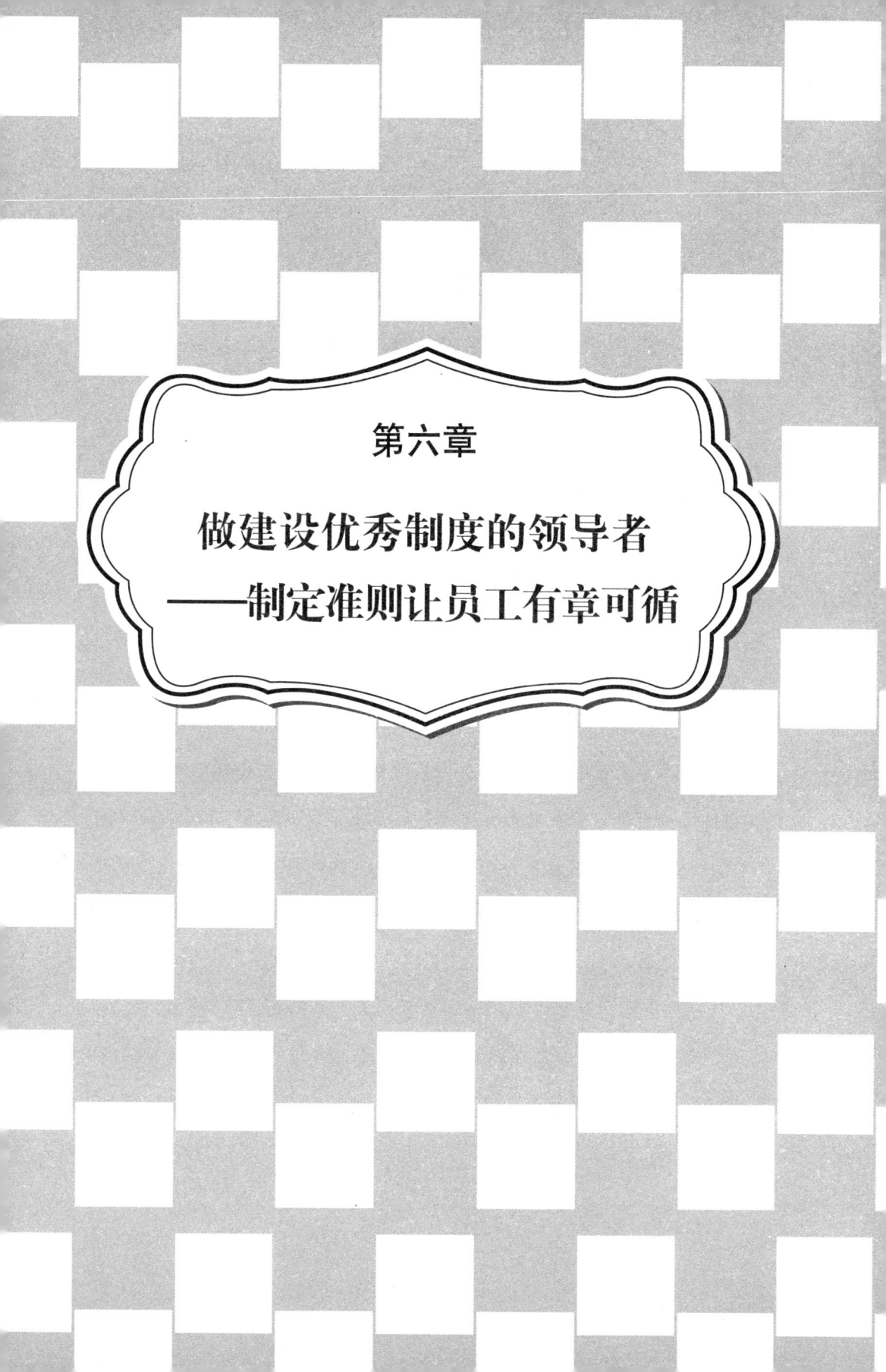

第六章
做建设优秀制度的领导者
——制定准则让员工有章可循

心理学与领导力

简单的制度才是好制度
——奥卡姆剃刀定律

万事万物应该尽量简单。

——爱因斯坦

【导读】

　　一家生产肥皂的小公司收到客户的投诉，肥皂盒子里没有肥皂。为了防止此类事件再次发生，该公司买了一台工业用强力电风扇去吹每一个肥皂盒，被吹走的便是没有放肥皂的空盒。同样的事情发生在日本最大的化妆品公司，他们的解决方案是工程师们想尽办法发明了一台X光监视器，去透视每一只出货的肥皂盒。

　　同样的问题，采用的是两种截然不同的办法，一个简单成本低，一个复杂成本高，究竟哪个办法更好呢？"奥卡姆剃刀定律"的答案是前者。

　　"奥卡姆剃刀定律"是14世纪英国人奥卡姆的威廉所主张的"思维经济原则"，概括起来就是"如无必要，勿增实体"。即只承认确实存在的东西，那些空洞无物的普遍性概念都是无用的累赘，应当被无情地"剃除"。

第六章
做建设优秀制度的领导者

【领导力修炼】

"奥卡姆剃刀定律"的思维方式是要剔除一切不必要的累赘。然而累赘存在于任何方面,存在于任何人群,存在于任何领域,就管理而言,累赘主要是指组织机构臃肿、人员冗杂、目标不明确、规章制度繁乱等。

如果你想成为一个优秀的领导者,就要建立一套完善的组织制度——简单有效。要做到这一点,就要大胆地举起"奥卡姆剃刀",毫不留情地剃掉那些不适宜组织发展的累赘。

修炼领导力,举起"奥卡姆剃刀",精兵简政,简化组织结构。精兵简政的目的就是通过精简人员、缩减机构的方式,达到组织结构精炼灵活。

当组织的队伍庞大繁杂,人员支出成为负担,机构部门重复雷同,职能部门运转艰难的时候,摆脱困境唯一的办法就是剔除累赘,精炼组织结构。

组织成员多少数量比较合理,什么样的人员应该裁减,哪些部门应该砍掉,什么样的机构应该合并重组,等等,这些都是领导力修炼的重点课程。

修炼领导力,举起"奥卡姆剃刀",明确优势,设定组织目标。当组织的业务内容比较多的时候,一定要找到自己最具有竞争优势的核心业务,明确组织目标。

只有明确了组织的目标,才能集中优势,以最小的代价获得最大的利润。如果目标繁杂,就会顾此失彼,因小失大,结果得不偿失。

联想集团从 2003 年到 2004 年进行了大规模的整顿和重组,把原来的六大业务群组压缩调整为三大群组——PC、移动通信、IT 服务,导致了大量裁员。其根本原因是联想集团从 2000 年开始实行多元化的扩张,弱化了自己最具竞争力的 PC 主业。

从联想战略的调整,很容易明白强化组织优势对组织发展的重要性。杰克·韦尔奇在上任通用电气公司总裁时,提出"非一即二"原则,即必须把本产品做成本领域数一数二的产品,否则一律卖掉。

修炼领导力,举起"奥卡姆剃刀",优化流程,完善组织制度。要解决流程运作复杂、效率低下、客户抱怨等问题,必须对流程进行合理的优化,并建立完善的制度予以保障。

流程优化不只是做正确的事,还包括如何正确地做这些事。流程优化的途径主要有两种,即改造和重新设计。

当组织的工作效率出现问题时,一般是其工作流程存在障碍,运转不畅。解决这个问题时,就要对其考察研究,明确其中问题的症结,只有这样才能决定是对流程进行改造,还是要彻底推翻、重新设计。

进行流程改造时,首先,要了解原有流程中可以保留的环节、必须剔除的环节,不能去除的环节是否可以简化、合并、重组;其次,明确了所有环节的去留问题后,就要有一个全局的整合思路;最后,形成一整套新的合理有序的工作流程。

对流程进行重新设计时,也要熟悉原有流程,对其中可取之处也不能全盘否定,同时还能为新的流程避免重蹈覆辙提供参考依据。

重新设计流程时，首先要提出新的思路，然后收集设计方案，对比筛选，找到最佳方案，最后在实践中检验改进。

无论是改造，还是重新设计，最后一定要制定完善的制度机制，以保障流程的有效应用和及时优化。

尽管由于个体受自身思维方式的限制，在决策思考时容易将简单的信息复杂化，但"奥卡姆剃刀定律"为解决这个问题给我们提供了一种"简单"的理念与思路，如果你有两个类似的解决方案，那么选择最简单的。

【延伸阅读】

"奥卡姆剃刀定律"告诉我们要别除累赘，力求简洁。这个定律用到我们普通人身上就是要简化生活。

现代社会精彩纷呈，同时我们的生活也变得复杂累赘。QQ、微信的好友栏里人数不下几百，同学聚、老乡聚、工作聚，各种群聚把休息的日程安排得满满当当，假日游的景点人满为患，女人的衣橱更是琳琅满目，等等。

这些真的全部是我们所想要的、所需要的吗？事实上，大部分情况都是人云亦云，或者盲目跟风，有时候又是迫于风气，结果大家都忙，都累。

真想聊天的时候，翻开电话簿却不能按下拨号键，大家聚在一起的时候也只能谈论八卦，出去走走结果只收获了一堆数码照片，打开衣橱的时候却发现好像还得去血拼。

这一切多余的事情其实都是生活的累赘，现在却占据了我们生命的 90%，赶快拿起"奥卡姆剃刀"吧，让我们回归简单平淡的幸福。

规章制度也要不断创新
——布克定理

能正确地提出问题就是迈出了创新的第一步。

——李政道

【导读】

布克定理：一切制度都是生长出来的，不是制造出来的，这是由英国政治学家 L. 布克提出的，揭示了法因时异、制随事迁的道理。

燕国寿陵有个喜欢模仿的少年，听说赵国都城邯郸的人走路步法优美，就决定前往邯郸学步。他到了邯郸，发现这里的人走路姿态确实与寿陵不一样，而且非常优美，于是他下定决心好好学习，以不虚此行。一开始，他跟在人家后面模仿，总是学得不像，经过琢磨之后他决定放弃原来的步法，完全照着邯郸人的步法走路。但是到了最后，这个少年非但没有学会邯郸人的步法，反而连原来怎样走路也忘记了，不得不爬回寿陵去。

邯郸学步，意指生搬硬套，非但学不会别人的长处，反而会忘

第六章
做建设优秀制度的领导者

记自己的优点。"布克定理"指组织制度是事物发展到一定阶段的必然产物,因此人们不应该盲目地东拼西凑、照抄照搬。

【领导力修炼】

在管理实践中,模仿成功者的经验,成了很多管理者的通用做法,但是很多时候模仿成了"邯郸学步",非但没有取得成功经验,反而丧失了自己的核心文化和竞争优势。

邯郸步法的美,是因为其蕴含了自己的文化特性;寿陵少年的失败,是因为其盲目效仿,而没有结合自己的本质特性。试想一下,如果少年真的有模有样地学会了邯郸步法,回到燕国会怎么样?可能会被嘲笑,不被接受。

作为领导者,对组织规章制度的完善,既要借鉴相关成功的经验,还要结合实践不断创新。

修炼领导力,领导者要具备创新精神。领导者是创新活动的主要倡导者、决策者和组织者,只有领导者具备了创新精神,才能实现规章制度的创新。

随着组织的发展与外部环境的变化,其现有规章制度必然会失去原有的活力,组织的有序运行就会受到阻碍,这时候就需要新的、良好的组织制度。就像很多中小企业,起初很有活力,但是其平均寿命只有短短几年,主要原因就是规章制度不能得到创新和发展。

领导者的创新精神,是指对新事物敏锐的发现能力和勇敢的接受能力。由于新事物往往潜藏在旧事物之下,不易被发现,甚至会被看作与现实不相适应的东西而被剔除，所以领导者必须具备敏锐的思维和眼光，发现它并敢于接受它。

规章制度与组织的发展是否适应，也不是一个容易被发现的问题，领导者必须时刻提高敏锐的思维和判断能力，只有这样才能先人一步践行组织规章制度的创新。

修炼领导力，领导者要具备战略眼光。领导者对组织要有战略规划，明确组织现在的位置、应有的定位、将来的位置，只有这样才能保证规章制度的正确创新。

规章制度需要不断地创新变革，但并不是糊里糊涂地东拼西凑，也不是盲目地照搬照抄。而是能够正确指导组织运行发展，使组织具有更高的活动效率。

领导者的战略眼光，是完成组织规章制度战略革新的必要保证。领导者要明确规章制度的创新方向、创新方法以及创新目标等，只有这样才能对组织做出战略规划，完成组织的战略规划任务。

在一次长跑运动会中，一个运动员的鞋子里进了沙子。但是比赛已经开始，运动员觉得来不及停下来，可是跑的时间越长，他的脚越痛，跑到最后一圈疼得只好放弃，脱下鞋子一看脚都磨破了，就这样与奖牌擦肩而过。

从上面的故事中，我们可以发现战略眼光和战略规划的重要性。如果那个运动员在比赛开始的时候把沙子取出来，在接下来的比赛中他有很多迎头赶上的机会。

修炼领导力，领导者要具备推动力。领导者应建立激发和鼓励组织成员勇于创新的激励制度，为组织成员参与规章制度创新提供强大的动力源泉。

一个人的力量是有限的，推动全员参与将为创新带来新风尚。要推动全员参与，激励是最有效的手段，而激励作用的发挥，还需要激励机制的保证。

创新激励机制可以通过创新指标考核制度来实现，通过创新指标的完成情况来指导组织成员职位的升降、工资奖金的分配、福利待遇的享受等。

制度创新是创新之本，没有制度创新，就没有核心竞争力。所以组织的规章制度要不断创新，以保证组织的核心竞争力，这样组织才能健康有序发展，才不至于邯郸学步。

【延伸阅读】

"布克定理"启示我们，在管理过程中，不要邯郸学步，亦步亦趋，而要不断地创新实践。

其实际上并不是否定模仿行为，而是强调模仿的同时要保持自己的特性，与自己的实践发展相适应。

模仿行为在动物中也很常见，很多鸟类可以模仿声音和语言，如鹦鹉、乌鸦、椋鸟、园丁鸟和琴鸟等；还有小鸡啄米，一般小鸡会模仿母鸡的行为。这些模仿都是无自主意识的行为，它们不会去思考为什么要这样做，自然不会进行创新。

但是人类的模仿行为，虽然也分无意识和有意识两种，可用到管理过程中，就是一种有意识的行为，就应该进行行为甄别，不能机械地生搬硬套，必须结合实践进行创新。

因为适合别人的东西，不一定适合自己。其他人的成功经验固然要借鉴，但前提是你必须知道哪些对你适用，哪些不适用，甚至会阻碍你的发展。

严惩违反制度的员工
——热炉法则

赏善而不罚恶，则乱；罚恶而不赏善，亦乱。

——元结《辩惑》

【导读】

"热炉效应"又称惩处法则，是指一个组织必须具有规章制度，当有人违反了这个规章制度时，就必须给予惩罚，由于实行惩罚与触摸热炉之间有许多相似之处，故而得名。

孙武以所著兵法求见吴王阖庐，阖庐说："你的著作我已经拜读，希望你能够实操演练一下。"孙武同意以后，阖庐又要求孙武用宫女来操演，随即选出宫中美女一百八十八人，分为两队，由吴王的两个宠姬分别担任队长。孙武给她们反复讲解演练要求后，用鼓声指挥她们向右，宫女们大笑。孙武说规定不明，号令不清，是

第六章
做建设优秀制度的领导者

将领的过错。于是，又反复讲解了多遍，再用鼓声指挥她们向左，宫女们又大笑。孙武说号令既已多次讲明，就是队长的过错了。于是命令将左右两队的队长斩首，吴王的宠姬就这样为自己的行为付出了代价。

孙武治军的故事，就是"热炉法则"的鲜活例证，谁触犯制度，谁就要受到惩罚。

【领导力修炼】

任何组织都有自己的规章制度、指导组织成员的行为规范，而作为组织的成员就应当遵照执行，不应该去触犯它。惩罚本身就是一项制度，接受惩罚也是对制度的遵守。

赏罚分明被作为一条治国、治军的重要原则。我们看一则古代的故事。僖负羁是东周时曹国人，曾救过晋文公的命，对晋文公来说是救命恩人。晋文公在攻下曹国时，感念僖负羁救命之恩，就向军队下令，不准侵扰僖负羁的家，如果有违反的人，就要处死刑。大将魏平和颠颉却不服从命令，带领军队包围了僖负羁的家，并放了火。魏平爬上屋顶，想把僖负羁拖出来杀死。不料，梁木塌陷，正好把魏平压在下面，幸好颠颉及时赶到，才把他救了出来。这件事被晋文公知道后，决定依照命令处罚。大臣赵衰向晋文公请求："他们两人都替国君立下汗马功劳，杀了可惜，还是让他们戴罪立功吧！"晋文公说："功是一回事，过又是一回事，赏罚必须分明，才能使军士服从命令。"于是下令，革去了魏平的官职，又将颠颉处死。从此以后，晋军上下都知道晋文公赏罚分明，再也不敢违令了。

　　热炉法则的本意是处罚违反制度的员工，但作为领导者对此要有更深层次的认识。无论是古圣先贤的著作里，还是在实践中，都把赏罚并提、赏罚并用，所以我们不可以把赏罚割裂开来。赏罚本是一个问题的两个方面，互为表里，相辅相成。一方面，适时适当的奖赏对下属来说能起到肯定、激励、鼓舞的作用；另一方面，必要的惩戒能起到纠正、禁止和威慑的作用。但需相辅相成才能取信于下属，将二者割裂开来，"赏善而不罚恶则乱，罚恶而不赏善亦乱"。只注重赏，则无限制地助长贪得无厌；只注重罚，则只能让下属畏惧，最终适得其反。古今著名的政论家都主张管理者应该赏罚兼施，恩威并重，二者协调。本篇虽只从罚的角度，但读者万不可以为只是强调罚的方面，要二者兼顾，这是惩罚违反制度员工的上等心法。

　　热炉法则强调的是惩罚作用，处罚本身是一种负向强化手段，一定会对处罚的对象造成一定程度的伤害，但它可以有效地防止和纠正破坏整体利益的行为，保护多数员工的主动性和积极性。作为领导者一定要明白，处罚的目的是使员工行为审慎，处罚制度要合情合理，处罚的执行要公正无私，处罚的方法要因人而异，这样才能收到处罚的效果。

　　处罚的制度要合情合理。员工违反制度，如果从出发点的角度考虑，就是违反制度的所得利益比处罚要多，不论这种利益是物质

第六章 做建设优秀制度的领导者

的还是精神的。比如,我们上班迟到,是因为你认为在当时睡觉比扣钱对你来说更有价值,如果扣钱的数额不断上涨,迟到现象肯定会大幅度减少。当然,这只是理论上的,毕竟扣钱的数额增加会引起"公愤"的。基于这样的考虑,制定的制度要合情合理合法,不仅能达到令行禁止的目的,还能增强领导的威严,促进管理工作顺利进行。

处罚的执行要公正无私。如果制度失去了严肃性,没有刚性,就做不到令行禁止。如果制度失去了公平公正,必然引起员工心理上的不平,毕竟公平原则告诉我们,公正的制度才能被真正接受。制度的公平更源自公正无私地执行制度。

处罚的方法要因人而异。惩罚要想达到既定的目的,就得因人而异,先了解惩戒对象是哪种类型的员工,有的员工好逸恶劳,尽可能地逃避工作,对于这种类型的员工,要以惩罚来强迫或威胁他们朝向组织的目标努力,严格按照规章制度进行惩罚;而有的员工平时工作努力认真,做事积极谨慎,只是偶尔有无心之失,犯了错误,对于这样的员工,过于严厉的惩罚反而会挫伤他们的工作积极性,而适当的鼓励和宽容也许会取得较好的效果。当你确实要对下属进行批评时,必须注意当时的场合和氛围,在不伤和气、又给人面子的前提下注意批评的言辞。另外,还有一种惩罚的方式是变惩罚为奖励,"戴罪立功"就是这样的方法,这样取得的激励效果甚至比单纯奖励更好,这就是惩罚的艺术性。

心理学与领导力

【延伸阅读】

严惩的目的是让员工行为审慎，遵守组织的制度，朝着既定的目标前进。惩罚的目的是不惩罚，是养成遵守制度的习惯。惩罚只是手段，如果不能达到既定的目的，惩罚就失去了它的本意。如果惩罚违反制度的员工，反而让员工觉得你是在挟私报复，就会产生强烈的反弹。领导者在严惩违反制度的员工时一定要从这个角度去考虑。

制度一定要合理
——分粥效应

公者无私之谓也，平者无偏之谓也。

——何启

【导读】

哲学家罗尔斯把财富比作一锅粥，一群人来分。罗尔斯罗列了五种分粥法：

方法一：拟定一人负责分粥事宜。很快大家就发现负责分粥的人为自己分的粥最多，于是换了分粥人，结果还是一样。

结论：权力导致腐败，绝对的权力导致绝对腐败。

方法二：大家轮流主持分粥，每人一天。但是每个人在一周中

第六章
做建设优秀制度的领导者

只有一天吃得饱且有剩余,其余六天都饥饿难耐。

结论:资源浪费。

方法三:大家选举一位品德高尚的人分粥,起初还能基本公平,但不久他就开始为自己和溜须拍马的人多分粥。

结论:毕竟人不是神!

方法四:选举一个分粥委员会和一个监督委员会,形成监督和制约。公平基本做到了,由于监督委员会经常提出多种议案,分粥委员会又据理力争,等粥分完早就凉了。

结论:类似的情况政府机构中比比皆是。

方法五:每人轮流值日分粥,但是分粥的人最后一个领粥。结果每次七个碗里的粥都一样多。

结论:制度不但要科学,还要有针对性。

罗尔斯的分粥方案是其在《正义论》中讨论社会财富分配时提出的,揭示合理的制度在资源分配中的重要作用。这就是后来被大家所熟悉的"分粥效应"。

【领导力修炼】

在管理学中,"分粥效应"的启示是建立一套公正合理的制度,这是形成良好组织氛围、提高工作效率的根本保证,也是管理者的主要职责。

一个组织要想正常运转,不仅需要领导者的运筹帷幄,还要有一整套公平公正、奖惩分明、合理规范的规章制度作为保障。俗话说，无规矩不成方圆，制度是维持组织内部秩序的基础，起着规范和约束组织成员行为的作用。修炼领导力，保证制度合理规范，领导者要身体力行。要求下属做到的，首先自己必须做到，只有这样下属才会对制度有敬畏之心，不敢轻易越轨。

领导者是团队活动的组织者、推动者、监督者，也是参与者，其一言一行都具有重要的导向性，是最直接、最鲜活的实践教材。因此领导者要先自律其身而后他人，一切从自己做起，坚持发挥表率作用。

某集团上海分公司的一个销售主任同总部刚派过去的销售经理发生工作冲突后被解雇了，于是他到深圳总部投诉上海分公司违反人事制度将其辞退。而销售经理却要挟总部如果撤销炒人决定，他就辞职。经调查，集团老总做出决定：上海公司领导层收回成命，对销售主任的处罚改为降职降薪，接受销售经理的辞职。

作为领导者，要带头遵守组织制度，坚持按制度办事、用制度管人，从严要求自己。领导者始终要将自己的言行置于制度范围之内，要坚持制度面前人人平等，以模范带头的行动带领组织成员遵章守法。

修炼领导力，保证制度合理规范，制度本身要公平公正。公平公正是制度的首要价值，是人类的共同理想。只有公平公正的制度才能得到多数人的认同和遵行，才能够持久。

一旦组织制度流于形式，脱离实际，就会成为日常管理中的一种枷锁和羁绊，就会影响组织成员的工作积极性，降低组织工作效率，就如不理想的分粥方式，往往适得其反。

只有公平，才能保证组织中一切成员机会均等，避免歧视对待；只有公正，组织中的领导者才能维护正义，避免徇私舞弊；只有公平公正，在制度面前才能人人平等。

制度公平公正，组织成员才能有更好的执行力；体现制度的平等性，领导者才能放弃事无巨细而专注于组织建设。

修炼领导力，保证制度合理规范，制度建设要不断完善。制度本就不是一成不变的，随着时间的推移、情况的变化，制度也要不断修订，以适应新形势下新任务的要求。

在组织运转过程中，随时可能碰到一些不确定的管理事项，甚至一些管理漏洞，这就需要我们通过完善制度来规范工作。就像"分粥"的案例，将一个个不合理的分粥方案否定之后，问题最终得到了很好的解决。

长期以来，我们对制度的功能和力量重视不够，对工作中出现的问题，很少从制度上找原因，其实不合理的制度往往会导致问题的反复发生。

在古希腊神话里，西西弗斯背叛了宙斯，被打入地狱接受惩罚。每天清晨，他必须将一块巨石从平地推到山顶上，而当他以为已经到达山顶时，石头就会突然顺着山坡滚下去，这样西西弗斯就得重新回头推动石头。

事实上，西西弗斯把石头推得越高，石头就会掉得越低，这就是制度上的一个"补偿性反馈"。不良的机制，在一定条件下就会发生恶性作用，所以制度的完善是非常重要的。

对于已经不能适应目前管理需要的制度，要及时地进行修订；将不符合形势发展需要的规定予以废止、重新制定，不断完善适合管理需要的、统一的、合理的制度。

合理的规章制度可以使重复的流程简单化，节省组织大量的资源和成本，因此一个组织必须要有一套合理的制度，只有这样才能做到制度管人，有据可依。

【延伸阅读】

"分粥效应"揭示合理的制度是管理有效性的基础，"分粥制度"能够体现制度本身的公正公平。

然而，很多时候事实并非如此简单，制度是人设计的，也是需要人来执行的。记得一句台词是这样说的，有人的地方就有江湖，也可以这样讲，有人的地方就有是非。

分粥方案五看似合理，其实也存在缺陷。如果主持分粥的人本身具有特权，如果他将粥分得不公平了，即使是最后拿粥，有多少人会把少的那份留下来？

其实，在很多时候，这种情况下留下来的还是多的那份粥。其一有人惧权，其二有人媚权，其三有人贪权，可是不管是哪种原因，大家都不想得罪掌权者，结果制度的执行还是不能体现公平公正的原则。

所以，制度设计不是简简单单的一个方面，而必须考虑人的因素，要考虑制度本身的包容性。

第六章
做建设优秀制度的领导者

把握好纪律与温情的尺度
——梅考克法则

赏善罚恶，恩威并行。

——《三国志》

【导读】

一群鸬鹚跟着一位渔夫辛苦了十几年，但随着年龄的增长，它们捕鱼的数量越来越少，渔夫就又买了几只小鸬鹚，让新老鸬鹚一起出海捕鱼。由于渔夫的精心调教，加之老鸬鹚的"传帮带"，新买的鸬鹚很快学会了捕鱼的本领。渔夫很高兴，新来的鸬鹚也很知足，一个个拼命地工作。而那几只老鸬鹚不能出海了，主人便对它们冷淡起来，几只老鸬鹚瘦得皮包骨头、奄奄一息，另几只老鸬鹚被主人杀掉炖了汤。一日，几只年轻的鸬鹚突然集体罢工了，任凭渔夫怎样驱赶，也不肯下海捕鱼。渔夫抱怨说："我待你们不薄呀，怎么这么没良心呀！"一只年轻的鸬鹚发话了："主人呀，现在我们身强体壮，有吃有喝，但老了还不是落个老鸬鹚一样的下场！"

"鸬鹚罢工"的典故，是"梅考克法则"的由来，其精髓归结为"管理是一种严肃的爱"，由美国国际农机商用公司董事长西洛斯·梅考克提出。

心理学与领导力

【领导力修炼】

鸬鹚的要求合情合理，是其生存的刚性需求。在其年轻力壮的时候为主人创造了可观的剩余价值，在其老弱无力的时候也不想成为主人的餐桌美味。

通过鸬鹚的故事，很显然组织成员的刚性需求是每一个管理者都应该深思的问题。管理不是无情的剥夺，也不是极端地压榨剩余价值，管理是一种获取与付出的博弈，好的管理是让得与舍的博弈趋于平衡。

作为一个组织，虽然不能没有制度的约束，但在实际工作中，既要坚持制度的严肃性，又不能伤害组织成员的感情。修炼领导力，建立需求激励制度，调动组织成员工作的积极性。作为领导者，要把握好纪律与温情的尺度，而不是一味给予。

一个猎人与一条健壮勇猛的猎狗一起创业，项目为抓兔子。开始，勇猛的猎狗居然抓不到一只兔子，猎人寻找原因，发现原来猎狗奔跑的目标只是为了一顿饭，而兔子却是为了保命。于是猎人引入竞争机制，又买来几条猎狗，规定谁抓到的兔子数量多，谁得到的奖励就多。时间长了，猎狗们抓到的都是小兔子，因为小兔子跑得比较慢，抓起来也就容易些。猎人再次改变奖励方式，抓到的兔子重量大，得到的奖励就多，果然猎狗抓到兔子的数量和重量都有明显提高。

如果猎狗不抓兔子或者是投机取巧抓小兔子，猎人照样给他们与劳动付出不对等的报酬，这样只会滋生猎狗的惰性。时间长了，

第六章 做建设优秀制度的领导者

猎狗们就会丧失自己的长跑技能，由于缺少利润，猎人的公司就会倒闭，猎狗的生存也就失去了保障。

所以组织管理必须引入需求激励机制，领导者要严格遵守组织制度，对组织成员不能盲目给予，也不能最大限度地榨取，必须把握好组织利益与个人利益的关系。

修炼领导力，设立养老保障制度，为组织成员解决后顾之忧。人不仅有当前的利益需求，还有长远的后顾之忧；组织也不能用人时笑脸相迎，用完了就不理不睬。

猎狗的故事在继续，猎人改变奖励方式后虽然效果不错，但是时间长了猎狗们又不努力了。猎人找猎狗问原因，猎狗回答说："主人，我们把最好的青春奉献给了您，但是当我们老得抓不到兔子的时候，您还会给我们骨头吃吗？"猎人又做了新的规定，只要猎狗抓兔子到一定量之后，即使抓不到兔子也有骨头吃，于是猎狗们欢呼雀跃，拼命抓兔子。

猎狗的再次罢工，给猎人带来了新的困惑，后来才知道猎狗们怕它们也像老鸬鹚一样成为主人的餐桌美味。显然，一个没有养老保障机制的组织，是不能得到组织成员的信赖与追随的。

所以在组织管理过程中，领导者要把握好纪律与温情的尺度，不能只考虑组织的利益，对组织成员冷漠无情。爱是长久的，短暂的给予只是索取的代价。

修炼领导力，完善晋升奖励机制，满足不同组织成员的差异化需求。人的需求不只是生理和安全方面的，根据人的需求层次理论，这只是人的本能对生命延续的需求。

在人的低层次需求得到满足的情况下，就会提高需求层次，包括社交需要、尊重需要和自我实现的需要。而且多数人的需求层次结构，是同组织发展水平直接相关的。

猎狗的故事还在继续，一段时间后，果然很多猎狗在达到猎人的要求后，即使不抓兔子还有骨头吃。但是问题又出现了。其中一只猎狗开始反思：我们抓到的兔子远远多于这几根骨头，为什么我们不能给自己抓兔子呢？于是这只猎狗离开了主人，它开始给自己抓兔子，它的生活越来越好，其他的猎狗闻讯，也纷纷出走，开始和猎人的猎狗抢兔子。猎人再次进行改革，猎狗除了得到基本的骨头外，还可以得到所获兔肉的 N%，而且这个比例还会随着贡献量的增加而提高，同时能力强的猎狗还可以提升管理职务。就这样，出走的猎狗被逼得走投无路，纷纷回归猎人的门下。

猎人的所获越来越多，猎狗们的晚年生活也没有了担忧，于是猎狗们开始反思生活的追求不只是温饱，世界很精彩，自己也要试着改变一下生活方式。

所以，当组织的发展水平达到一定程度之后，领导者就要考虑组织成员的需求层次。为组织成员提供上升通道，就成为组织继续发展的条件。

综上，通过猎狗的故事，我们能够很好地理解"梅考克法则"的深意：管理就是不断地实现组织目标并满足组织成员需求的过程，是一种严肃的爱的体现。

【延伸阅读】

"梅考克法则"的精髓为管理是一种严肃的爱，上文也通过猎狗的故事很好地阐述了这一观点。

上文主要从管理者的角度来理解梅考克法则，站在组织的角度，管理者要为组织负责；站在组织成员的角度，管理者要爱护他们并对他们负责。

如果换个角度，我们站在组织成员的位置上，梅考克法则又该如何理解呢？组织成员接受组织的约束，也接受管理者的监督，但是他们更需要自我管理。

外在的约束力远远不能把一个人困住。在社会发展的今天，社会保障制度的完善，更容易滋生一个人的腐败与堕落，只有良好的自我管理才能提升个体的自我价值。

严格要求自己，就是爱自己的表现。

让制度保持透明
——金鱼缸效应

民主使每个人成为自己的主宰。

——詹·拉·洛威尔

心理学与领导力

【导读】

我们知道，金鱼缸一般是玻璃做的，透明度很高，里面的情况可以看得一清二楚。"金鱼缸效应"就是由透明的金鱼缸衍生出来的。该效应原是由日本最佳电器株式会社社长北田光男发现和运用的。北田光男在观察金鱼缸时发现，使用透明的金鱼缸能随时看到金鱼缸里金鱼、水质等情况，便于在水质开始变化时及时采取措施，有利于对金鱼的管理。基于此，北田光男换位思考，尝试着将此发现迁移到管理上，提出了把增加透明度的重点放在各级经营管理者的收入上。这要求企业的领导者把经济收入和费用支出如实地向企业的利益相关者公开，接受他们的监督，并根据他们的意见，对经营管理进行改进，收到了良好的效果。

史塔克是业界实行该管理模式的先驱之一。在史塔克接掌春田重整公司（SRC）时，SRC刚从母公司——国际丰收公司脱离出来，整个公司的战略定位、经营状况都不十分明朗，"摇摇欲坠"。史塔克在进行调研之后，认为唯一能使公司长久经营下去的方法就是让员工了解公司的现实情况。于是他决定以真相为基础，"开诚布公"，定期公布公司的账册和各项财务资料，让每一个员工都了解公司的整体运行情况。员工看不懂财务报表，他就亲自教，让员工看懂、弄明白，让公司上上下下都清楚目前的状况及未来的目标。员工了解了公司的情况，认可了公司的目标，齐心协力地团结在领导的周围，共同渡过了难关，实现了可持续发展。

第六章
做建设优秀制度的领导者

【领导力修炼】

"金鱼缸效应"的本质是透明效应,或者民主效应,让参与者都有知情权。这是在高度透明的情况下实施的一种民主管理模式,在领导力的修炼中可善加利用。

然而,领导要利用金鱼缸效应实施管理,需要具备不少条件,毕竟任何规律发挥作用都是有条件的。让我们先看看金鱼缸吧,在日常生活中,养过金鱼或观赏过金鱼的人都应该清楚,一般大鱼缸的鱼反而比小鱼缸里的鱼好养。养金鱼的小鱼缸如果出现什么问题,可能很快会恶化,因未及时发现或制止而无法收拾,但大金鱼缸就不同了,因为所处的环境大,局部发生恶化时有了缓冲,全局不会迅速恶化,留出了处置的时间。

因此,在运用金鱼缸效应时,一个首要问题就是你现在所在的组织是不是个"金鱼缸",能不能透明化。作为领导者,任何时候都要对公司所处的形势、公司运营情况和员工对公司的认可水平有清醒的认识。只有对此有比较清醒的认识,才能对要不要公开透明、什么时候公开透明、什么内容公开透明有比较准确的判断。这样的判断没有固定的标准,但有一个明确的方向,就是要有利于组织的发展。

在这个方面,有许多让我们刻骨铭心的案例,史塔克的管理实例给了我们有益的启示,但反面的案例更让我们警醒。比如,在改革开放初期,在国有企业改革的过程中,在制度不健全的情况下,加之被别有用心的人利用和被所谓的"民主"蒙蔽、绑架，因为公开透明，让员工参与管理决策，员工被短期利益诱惑，导致"公产"被"私分"，造成国有资产大量流失，实在让人痛心。

领导者要运用金鱼缸效应，对组织的情况进行公开透明化，让员工充分了解公司的情况，是核心举措。作为领导者，要增加规章制度和工作内容的透明度，只有透明了，各项工作才能置于员工正常有效的监督下，防止领导者滥用权力，从而强化管理者的自我约束．员工在履行监督义务的同时，自身的归属感和责任感得到增强，提升了敬业爱岗精神，进而主动地投身到实现公司大目标的过程中。如增加财务透明度，让员工了解财务运行情况，明白多劳动、多努力将促进公司的整体发展，整体发展好了，个人才会更好，"大河有水小河满，大河无水小河干"。

领导者要运用金鱼缸效应，对组织的内容进行公开透明化，还要给员工赋予一定的责任，强化对员工责任的监督。让员工了解情况只是比较基础的一步，对增强员工的归属感具有十分重要的意义。但最终还是要落实到推动工作的实践中。人之本性是自利的，增加了公开透明度，员工的私心可能被激发，甚至被别有用心的人利用和绑架。所以要赋予员工一定的责任，强化管理制度的执行，对于服从目标、发挥作用的员工要按照制度给予奖励，对于违反组织行为目标的要进行严惩。毕竟现在是竞争社会，有些信息被竞争对手利用了，将给组织造成损失。

公开透明是发挥金鱼缸效应的核心，但这个核心需要具体说明。其中之一就是对公开的内容要有审慎的判断。要实现组织的有效管理，强化"群众基础"和依靠"群众智慧"是必要的，毕竟最终推动公司发展的根本力量是员工，员工要求公开的内容，作为组织的领导者原则上是要遵从"群众意愿"进行公开的，但必须明白，"民粹主义"是有弊端的。比如，基于员工们在组织中的位置和由此而产生的意识水平，可能无法从全局的高度或以长远的眼光来看待组织的发展。所以，领导者对什么内容公开透明，要看这个内容公开后对组织的发展有没有利，能不能凝聚起员工的向心力，会不会在以后产生比较严重的问题，都要进行理性的思考和判断。

【延伸阅读】

"金鱼缸效应"的本质是民主效应，更准确地说是增加透明度，让员工有被信任的感觉，促使员工更加努力地工作。需要说明的是，你假定员工在了解情况后会产生被认可的感觉，而后凝心聚力地促进组织的发展。这里面的前提就是员工在这个组织里是忠诚的，反之将会给组织带来很大的伤害，所以历史上许多组织都对叛徒实施了最严厉的惩罚。基于此，我们可以得出这样一个结论，民主是有限度的。民主不可以没有，但不可实行完全的民主，这样的民主很容易被绑架和利用。增加公开透明度是民主的先决条件，对民主的判断同样适用于对金鱼缸效应的把握。

心理学与领导力

不要让下属无所适从
——手表定律

宁愿要一个平庸的将军带领一支军队，也不要两个天才同时领导一支军队。

——拿破仑

【导读】

意大利的世界超级男高音歌唱家帕瓦罗蒂有过一段迷茫的时期，在他即将从一所师范学院毕业时，他陷入了苦苦的沉思中。毕业后是选择做一名平凡的教师呢，还是从事自己喜爱的歌唱事业？要么二者兼顾？这确实是个难题，帕瓦罗蒂在大学里学的专业是教育，但他觉得自己更加喜欢唱歌。到底该做什么呢？在思想斗争毫无结果之后，他只得请教自己做面包师的父亲。父亲沉思了片刻之后，对儿子说："哦，孩子，记着——如果你想同时坐在两把椅子上的话，那你也许会从椅子间的空隙里掉到地上。生活要求你只能选一把椅子坐上去。"帕瓦罗蒂听了父亲的话，终于下定了决心，从此在歌唱艺术的道路上艰难而不屈地跋涉着，直到成为一名光芒四射的世界巨星。

这是手表定律的一个生动的例子，它告诉我们这样一个现实：当我们面对两个标准或两个选择时，人们就会产生选择上的痛苦，而且耗时耗力，"有选择有时候比没选择还要痛苦"，手表定律说的就是这个道理。手表定律是指一个人有一块表时，可以知道当时是几点钟，当他同时拥有两块表时，由于两块表的时间不统一，反而无法确定时间了。两块手表并不能告诉一个人更准确的时间，反而会让看表的人无法确定准确时间。

【领导力修炼】

手表定理的深层含义在于一个人不能同时挑选两种不同的行为准则或者价值观念，否则那个人的行为将陷入混乱。在领导者的管理实践中，我们要力戒手表定律的破坏性作用。

规律是什么？是本质的必然的联系，只要条件一具备，规律自然发生作用。所以使用任何定律时必须注意其发挥作用的条件。手表定律也不例外。手表定律的适用条件主要有以下几个方面：一是手表定律强调的是双重标准，标志着这两个标准有质上的不同，而非表现形式、实施过程等量上的不同；二是两个标准是不同的，这就涉及两个标准到底哪个更正确，这是一个比较吃力的判断，因为判断这两个标准的是非需要更高层次的标准，而且当我们纠结于这两个标准哪个更正确时，不能忘记"第三者"，就是在这两个标准之外，有没有更加正确的标准。这个标准可能集合了前两个标准的优点，规避了两个标准的缺点。现代社会提倡整合性思维，就是提倡在两个看似不可调和的对立面中创造出一种更加合理的标准或者对策。在领导者的认知过程中，上述条件不可不清楚。思想是行动的先导，只有认知清楚了，行动过程中才不会犯迷糊，出现问题了才能做出比较清醒的决策。

在管理实践中，运用手表定律的重点是要把握好确定性，让员工认知明确，行动明确。联想集团原总裁柳传志先生总结管理实践的三个内容就是定战略、搭班子、建队伍。围绕着这三个方面，我们来看看作为领导者如何应用手表定律。

定战略实际上就是制定战略计划，确定组织的发展方向。方向错了，就会"南辕北辙"。在制定战略计划时，要制定确定不移、比较明确的战略目标，不能模棱两可，随意变更，不然就会"其动甚微"。而且如果员工在执行工作任务的过程中看不清楚大方向，在进行决策时找不到总目标这个参照系，最终会陷入迷茫的境地。战略目标是需要很多阶段性的小目标来支撑的，但无论什么目标，都要非常明确，不然员工就会在徘徊中虚度时光。

搭班子就是组建领导班子，组建领导班子有许多考量，也有许多模式，但如果不懂得搭班子的重要性与原则，不仅不能组建起好的领导班子，而且会增加内耗，进而蔓延到整个组织中去。这个原则就是无论采取趋同性的班子成员还是采取互补性的班子成员，都必须坚持统一的目标，在班子队伍中不能有两套目标，也不能有两种不同的实现目标的方法，不能在班子队伍中出现两根不同的"指挥棒"，而且这两根"指挥棒"又不一致。班子要形成合力，一个声音，一个步伐，一个方向，否则会让这个组织无所适从。

建队伍本质是管理队伍，打造具有核心竞争力的团队组织。队伍是需要构建和管理的，在这个过程中，一支队伍要坚持一个上级原则，要坚持一套不能存在内在矛盾的管理制度，要有统一的评价标准体系，在执行制度的过程中要遵守同一标准，对结果要进行同一考核。到此，这个问题只说了一半，因为事情是千变万化的，每一支队伍都有其特殊性，"不同质的矛盾用不同质的方法才能解决"，在制定制度、执行制度的管理过程中，一定要根据不同情况灵活运用，而不能一味生搬硬套。

【延伸阅读】

手表定律的主要依据是两套标准将不利于一个人或一个组织的行为判断。但自古有言，福祸相依，利害同源。对于一个组织或个人，总会有竞争者的存在，对手常会应用这样的方法探知"敌情"，搭建自己的"队伍"，谋求权力，这将会不利于组织的健康发展，也将会对领导者自己的生存和发展构成挑战。作为领导要深知其害，要善于"谋国（组织）"，也要善于"谋身"。

公正的制度才会被真正接受
——公平原则

平而后清，清而后明。

——司马光

心理学与领导力

【导读】

有一天，宙斯召集奥林匹斯众神开会，议题是公平，他让大家探讨一下什么是真正的公平。众说纷纭，莫衷一是。最后，宙斯找来了公平女神，希望她能给出一个权威的答案。公平女神说：我在神界、人间和地狱巡视的时候，经常遇到公平的问题。在地狱，鬼魂们对我说"我们在阴暗的环境里饱受折磨，对我们来说太不公平了"；在人间，人们告诉我"人的寿命太短了，这很不公平"；在天上，神会对我说"我们长生不老，却不能享受爱情的快乐，真不公平"。而我在判断公平问题的时候，是将天平置于整个宇宙当中的，不会倾向于任何一方。如果人们仅仅是从自己的立场出发，永远会觉得不公平。

【领导力修炼】

纵观几千年的历史，公平一直作为人类的理想，是人类孜孜不倦地追求的一杆秤，但很少真正接"地气"。在几千年的历史中，"不公平"随处可见，追求公平成了人们美好的愿望，也是一个难解的心结。人们认为，公平了，就心安理得了；公平了，就愿意努力去奋斗，去奉献。在一个组织中，员工的工作积极性不仅与个人的实际报酬多少有关，与员工对报酬的分配是否感到公平关系更为密切。这便是公平原则在一个组织的具体表现。

然而，我们要清醒地认识到，世间没有也不可能存在绝对的公平，这样的公平是一种理想状态。几千年来，人们总是刻意追求公

第六章
做建设优秀制度的领导者

平,然而何谓公平?从字面上理解,公平指公正、不偏不倚。它一般是指所有参与者的各项投入与收获成正比。公为公正、合理,能获得广泛的支持;平指平等。所以我们追求的公平,只是在一定范围内、一定标准下的相对公平。正因如此,公平才有它真正的现实意义。作为领导者,要修炼领导力,就要从以下方面实现公平:

其一,对普遍的、共性的东西,要采取统一的标准,员工才会最大限度地接受。具体到领导的实践中,还要结合整个组织的管理目标来确定每个部门的制度,以确保整体目标的实现。只有上下二者的结合,既取得了这个部门成员的最大限度的认可,满足了最大限度的公平性要求,同时又能保证组织目标的实现,才算是实现了制度建设的初衷。这是领导者制定管理制度的两大参照系,也是取得最大限度认可的平衡点,不可偏离。一旦偏离了,要么保证不了员工对制度公平公正的认可,要么保证不了组织目标的实现。

其二,对特殊的、个性的东西,要在统一标准的基础上,采取个性化的制度安排。有的人可能认为,强调个性、差别,采取个性化的措施本身就是不公平,要公平就要采取同一标准,同一个制度。但这样认为的人忽视了每个个体的特殊性,不顾特殊性而制定的所谓公正的制度本身就是不公平的。试想,让那些低收入者和高收入者缴纳同样比率的收入所得税,在参加集体劳动时让女人和男人一起干搬砖、运煤等同样重的体力活,显然是不公平的。有这样认识的人最终会走向机械唯物主义,孤立、静止、片面地看问题，不可能得出正确的结论。但制定个性化制度是有条件的，要把握好这样几个方面：一是在统一标准、同一制度的基础上，要先获得大多数员工的认可，再考虑个性化的制度安排，否则将失去个性化制度的基础，也失去了依照特殊性制定个性化标准的参照。这样的话，是不可能制定出公正的个性化制度的。二是个性化的制度要充分考虑特殊性，但不能因为特殊性而破坏了整体制度的公正，不要因私废公，因小失大。要让那些多劳者多得，多努力者快升迁，不然必将挫伤员工的进取心，最初的公正必然会沦为一纸空文。

其三，制度的公平公正更重要的是执行的结果。若束之高阁，变成一纸空文，就不可能让员工真正接受。要让员工接受，必须保证公平的制度得到公正的执行，制度所作的规定要令行禁止，对认真执行制度的员工要按照制度予以肯定，对违反制度的要进行惩治，只有赏罚分明，这样的制度才会被大家认可和接受，而后自觉践行。此外，还有两个比较重要的方面，就是让员工参与监督，监督其他员工、领导者，同时领导者要严格地以身作则，看过前面的"职位放大器效应""榜样效应"的读者应该清楚，领导就是一面镜子，想让员工怎样做，你自己首先要怎样做。

【延伸阅读】

在人们的心目中渴望公平，千百年来一直如此，但懂得经济学的人都知道，效率和公平是一个悖论，个人、组织、国家都在两者

第六章
做建设优秀制度的领导者

之间进行着反复的权衡、取舍。效率是把蛋糕做大,公平是把蛋糕分得均匀,我们国家走过吃大锅饭、平均主义的路子,也走过优先追求效率的路子,但实践证明过分偏重一方,势必产生负面影响,结果是让人痛心的。所以作为领导者,一方面要在同一基础上追求公正,另一方面要在不同的基础上尊重个性,不然就是教条主义、脱离实际。

第七章

做多谋善断的领导者
——做出准确决策让企业顺利前行

心理学与领导力

做决策不能盲目跟风
——羊群效应

肩膀上应该长着自己的脑袋。

——列宁

【导读】

有人做过这样一个试验：在一群羊前面横放一根木棍，让第一只羊跳了过去，接着第二只、第三只也会跟着跳过去。这时，把那根棍子撤走，后面的羊走到这里，仍然像前面的羊一样，向上跳一下，尽管拦路的棍子已经不在了，这就是所谓的"羊群效应"。

"羊群效应"所说的现象在人类社会中不可能这么明显地发生，但人们会潜移默化地跟着前面的人，不自觉地采取相同的行动，以至生活中在做决定的时候往往会参照其他人的行为。"隔壁家的王某做了，咱们也做吧！""你看，许多人买了，咱们也买吧……"销售员也会跟你说："我们的产品有很多人买了，你放心地买吧。"结果，大多数时候我们买了，在一定程度上把自己的独立思考和判断丢掉了。所以，"羊群效应"也称"从众心理"。

综上所述，"羊群效应"是指人们日常生活、工作的思想行为经常受到多数人的影响，会追随大多数人所同意的观点，将自己的

第七章
做多谋善断的领导者

意见压制下去,且主观上不会思考决定的意义,从而盲目跟从大众的思想或行为。因此,"羊群效应"就是比喻人都有一种从众心理,从众心理很容易导致盲从,而盲从往往会陷入骗局或遭到失败。

【领导力修炼】

我们经常听人说"群众的眼睛是雪亮的""群众的智慧是无穷的"等赞扬群众智慧的言论,肯定大多数人共同的想法。然而,当你看到不法商人操纵,群众跟风而掀起"蒜你狠""豆你玩"等投机热潮,你不会对大多数人的判断产生怀疑吗?虽然他们只是有限范围内的群众,但这样的范围却足以影响很多人,以至现在社会上因为风吹草动而酿成轩然大波的事情比比皆是。有思想的人才是能自己做主的人,领导者尤其如此。

在此我们举一例,"经历就是财富"成了很多人积极参加各种工作实践的缘由。但对这句话需要深刻挖掘,笔者认为,你所拥有的经历如果不经分析、归类、抽象、综合,上升为理性的认识,形成规律并指导以后的实践的话,这样的经历也只是一堆杂乱无章的东西,在接下来的实践中不但没有用,相反会成为你的桎梏,让你局限在自己曾经的经历中,总是以过去的经历形成的认知去看待事物。由此可见,规律、格言是更高层次上的抽象,只有理解了背后的成因,才能真正懂得其含义。人类存在着从众心理,很多时候会产生盲从行为。作为领导者,无论遇到任何事都必须有自己的思考,决策上尤其如此。

决策即是选择，要选择必须要有选项，还要有自己的标准和判断，这是形成决策的基本条件和过程。"羊群效应"给我们的启示就是要努力克服从众心理，做出自己的判断。

作为领导者，不能盲目跟风做决策，要对所面临的情况有比较清醒的认识。任何一个人、一个组织都有自己所处的环境。任何行为的起点都是它所面对的环境，这种环境包括内部环境和外部环境，通过对内外环境的理解就能把握组织的处境，进而把握发展规律，由规律进行预见，趋利避害，发挥自身的优势，实现组织的目标。这是认知的一般过程，也是有见识的人把握形势的基本过程。鬼谷子曾说，所处环境就是命，所逢机遇就是运。可见所处环境多么重要，领导者必须对组织所处的环境有比较全面的把握，甚至要对国家形势、世界形势有比较清醒的认知。当然，因为术业有专攻和个人精力有限等原因，我们有时候不可能对上述所说的情况进行客观理性的认知，但是我们要善于发挥专业领域的人才的作用，让他们去了解，去研究，而作为领导者必须清醒地认识到，每个人的知识水平、阅历等是不同的，对情况的理解也就不同，所以如有必要，务必要亲自调研，这也是我们党和国家正反两方面总结得出的宝贵经验。

作为领导者，做决策不能盲目跟风，要形成自己的价值维度。价值问题实际上就是比较在你的世界观里哪个目标更重要。为人民服务的价值观就是把人民的利益看得最重要，高于集体，高于个人。同样，作为领导者必须树立组织利益至上的价值观，只有这样，每

第七章 做多谋善断的领导者

临大事时才能站在组织的大局上去思考问题、解决问题。这样才不会吃糊涂亏、办糊涂事、占糊涂便宜，不会人云亦云地丢失自己正确的判断。

另外，领导者还要有自己的思维方法，我们这里着重谈一下决策的思维方法。我们知道，决策就是选择，由此我们可知决策的一般过程。调查情况——做出方案——确定标准——比较选择——确定方案。这其中的任何一个步骤都会在不同的情况下成为关键性步骤。因此，我们沿着这个一般过程，就有了思考和行动的方向。比如，在不要盲目跟风这个问题上，我们就要着重考虑调查清楚情况、确定判断标准两个关键性问题，盲目跟风的成因有很多，但反映到个人身上，就是情况不明，不去思考判断，克服了这两点，跟风问题就不再是问题了。

【延伸阅读】

在社会生活中，我们常能听到这样两种职业，一种是某某学家，如经济学家等；一种是某某顾问、智囊，如经济学顾问等。这两种称呼本质上反映的是同一类人，他们都是学经济学的人，只是出发点不同。某某学家是研究世界"是什么"的人，某某顾问是在知道"是什么"的基础上，研究"怎么样"能更美好。所以网络上许多学家、学者的话并不会被作为政策执行下去，本质的区别就在这里。同样，我们在工作生活中，也会时常参照这样或那样的专家给出的建议，但我们要清醒地认识到，他们只是给出了我们行动的可选择方案，最终我们采不采纳他们的方案，是要根据自己的实际情况来判断的，"适合才是最好的"。

决策必须果断
——布里丹毛驴效应

当断不断，反受其乱。

——《史记》

【导读】

　　法国哲学家布里丹养了一头小毛驴，他每天要向附近的农民买一堆草料来喂养它。这天，送草料的农民出于对布里丹的景仰，额外送了一堆相同的草料放在旁边。这下子，毛驴站在两堆数量、质量和与它的距离完全相等的草料之间，可为难坏了。它虽然享有充分的选择自由，但由于两堆草料的价值相等，主观上无法分辨优劣。它左看看，右瞅瞅，始终无法判断究竟选择哪一堆好。

　　于是，这头可怜的毛驴就这样站在原地，一会儿考虑数量，一会儿考虑质量，一会儿分析颜色，一会儿分析新鲜度，犹犹豫豫，来来回回，在无所适从中活活地饿死了。

　　在两个相反而又完全平衡的力量作用下，人们也可能会陷入进退两难的境地。决策过程中许多人就表现出这样的状态，因此，我

第七章
做多谋善断的领导者

们常把决策过程中这种犹豫不定、迟疑不决的现象称为"布里丹毛驴效应"。

【领导力修炼】

　　布里丹的毛驴是否真如文中所说的那样，我们不得而知，但这个效应给了我们不少有益的启示。导致毛驴最后的悲剧的原因就是在面对选择时，什么都不想放弃，不懂得如何决策。鱼和熊掌都想要，最终什么都没有得到。

　　这种思想与行为表面上看是追求完美，实质上是贪欲膨胀。然而，正是这样的贪心导致在决策时不能果断，贻误了良机，最终一无所获。每个人在生活中都会面临着选择，而且有的选择对人生的成败影响很大，因此，人们必然非常重视，总想得到最好的选择结果，在做决策之前，会反复权衡利弊，以至犹豫不决。但是很多情况下，机会是不会给我们充分的权衡时间的，不会让我们反复思考和斟酌，而是要求我们必须果断做出决策。所谓"机不可失，时不再来""过了这个村，没有这个店"等都强调对决策时机的把握。决策者在抓住时机后，就必须及时、果断地做出决策，使决策产生效用，否则如果错过时机，再周密的决策也是徒劳无功的。

　　做决策必须要果断，首先必须有决策的一般常识做后盾，如对形势的准确把握，熟悉决策过程，有自己的价值评判标准和思维方法，这些都是决策必不可少的基础，离开了这些理性的认知，任何果断的决策都变成了武断。这些内容我们在这里不详细展开，毕竟这些是一般决策过程，从市面上的决策类书籍中都能轻易地获得这些知识。在这里，针对领导力的修炼，笔者想从两个自认为比较重要的方面来探讨如何克服决策犹豫的障碍，从而做到果断决策。一个是心法，一个是具有可操作性的方法。

我们知道，凡事必有原因，而针对原因的解决方法才是最彻底的解决方法。决策不果断有其内在的成因，笔者认为，所谓的心法，就是要清楚地认识到鱼和熊掌究竟可不可以兼得；所谓可操作性的方法，就是让人们找到一种多维的权衡利弊标准。

如果我问你"鱼"和"熊掌"能不能兼得，你可能会毫不犹豫地回答，当然不能兼得了，孟子几千年前就明确地提出："鱼，我所欲也，熊掌亦我所欲也；二者不可得兼，舍鱼而取熊掌者也。"于是，人们就理所当然地认为鱼和熊掌不可兼得。这样的理解其实是谬解，这样的理解是我们根据现代语言想当然的理解，原文的本意不是二者必然不可兼得，而是强调当两者不能兼得的时候，我们应当如何取舍。要做到果断，我们必须要搞清楚这样一个问题，就是在备选的两个或多个选项里，我们有两个或者多个都兼得的可能，即使不能兼得两个或多个，也可能找到一个集二者或多者优势的选项。这里强调"可能"的意思是，要得到这样的结果，是需要我们进行创造的，整合出最优的决策选项来；而创造是需要时间的，在很多时候，现实不给我们这样的时间。所以决策能不能果断就转变成了现实给不给我们这样进行创造的条件，如果不给，我们就要果断放弃进行整合创造的想法，从决策选项中果断选择一个；如果有

第七章
做多谋善断的领导者

条件，我们还要追求二者或多者兼得的优势组合。

所谓可操作性的方法，就是我们要选择一个或多个判断标准。我们知道，在掌握基本的决策知识后，做决策之所以犹豫，是因为难以取舍，双方利弊相当，以至觉得放弃了另一个，就放弃了另一部分利益，要承受放弃所带来的损失。当现实要求我们必须做出决策的时候，我们就要试着找到另外的判断标准，和你先前的判断标准结合起来，共同对决策的方案进行选择。比如，我们常常会遇到两难的问题，瞻前顾后，取舍不定，但现实又要求我们必须做出决策，不允许我们兼得"鱼"和"熊掌"，我们就可以引入全局或未来的观念，判断哪个选择对全局产生更加有利的影响，哪个对未来有更大的效益，能为未来做铺垫，决策前景就变得明了了。

【延伸阅读】

决策果断是领导能力强的一个很好的例证，是领导者追求的决策行为目标。我们不否认这种看法是对的。然而果断决策不是那么容易的，需要比较精深的修炼。现实中我们经常看到许多领导者为了果断而果断，导致许多决策失误，造成无法挽回的损失。须知，果断不是草率，更不是鲁莽，当我们没有把握进行果断决策的时候，我们的决策宁可慢也不要草率，迟缓的决定总比草率的决策来得妥当，不做决定胜过错误的决定。可惜许多人等不及，要求立竿见影，于是被迫立即做决定，草率做决定。凡是能够暂缓的决定就该暂缓一下，不能暂缓的决定，要想办法群策群力。

心理学与领导力

决策要避开投机心理
——最大笨蛋理论

机心存于胸中，则纯白不备；纯白不备，则神生不定；神生不定者，道之所不载也。

——《庄子》

【导读】

现代西方经济学家凯恩斯曾出外讲课，以赚取课时费用于学术研究，但课时费毕竟有限。于是在1919年，他借了几千英镑外债做远期外汇投机。凯恩斯仅用4个月时间，净赚一万多英镑，这相当于他讲课10年的收入。但是3个月之后，凯恩斯把赚到的利润和借来的本金全输光了。7个月后，凯恩斯涉足棉花期货交易，又大获成功。凯恩斯把期货品种几乎做了个遍。到1937年他因病而"金盆洗手"的时候，已经积攒起一生享用不完的巨额财富。凯恩斯在这场投机的生意中，除赚取可观的利润外，最大也是最有益的收获是发现了"最大笨蛋理论"，也有人将其称为"博傻理论"。这个理论的意思是在博弈中，你已经是个笨蛋，而你这个笨蛋在寻找或等待下一个比你更笨的笨蛋来接棒，直到"最大的笨蛋"出现，达到均衡的结果。

第七章
做多谋善断的领导者

"最大笨蛋理论"在股票、艺术品市场上表现最为明显,在这样的市场上,人们不用理会某个商品的真实价值是多少,现在所买的是否物有所值,而是相信在未来会有一个更大的笨蛋花更高的价格从他们那儿把它买走。只要自己不是那最后一个大笨蛋,那么自己一定是赢家。

【领导力修炼】

"最大笨蛋理论"是经济学上的理论,而后应用到股票、艺术品市场上,是许多人决策行为的参照。他们需要判断市场上存不存在比自己更大的笨蛋,只要自己不是最大的笨蛋,那么自己一定是赢家,这本质上是一种投机行为。领导者决策时要尽量避开这种投机心理,更要做到"争取最好的可能,做最坏的打算"。

决策者要避开投机心理,首先要对市场有明确的认知。这一点我们在前文已经讲了,但在这里还要提出来,主要是为了重点说明这样一个问题,就是对信息的掌握一定要客观、全面、准确,而不是想当然地认为有这样的信息。即使有这样的信息,也要尽可能地掌握得精确些,在此基础上形成比较系统的理性认识,用以支持决策行为。"最大笨蛋理论"的基础就是假定市场上存在最大的笨蛋,然后才做出决策行为。而实施的结果可能赢,也可能自己成了最大的笨蛋。作为领导者我们不能把决策寄托在这种假想的前提下。

【延伸阅读】

投资是寻找并分享价值,投机是预判并下注于价格变动。格雷厄姆给出的投资与投机的定义是:"投资是指根据详尽的分析,本金安全和满意回报有保证的操作。不符合这一标准的操作就是投机。"现实中,社会是鼓励投资,限制投机的。

该舍弃时就要果断舍弃
——鳄鱼法则

有取有舍的人多么幸福,寡情的守财奴才是不幸。

——鲁达基

【导读】

鳄鱼法则的来源是鳄鱼吞噬食物的方式。假定一条鳄鱼咬住你的脚,此时鳄鱼并不急于咬断它,而是等待你的挣扎。如果你用手臂帮忙,试图挣脱自己的脚,它的嘴便同时咬你的脚与手臂。你越挣扎,陷得越深,鳄鱼的收获就越多。所以,万一鳄鱼咬住自己的脚,务必记住:唯一的生存机会便是牺牲一只脚,这样才有可能保住生命。

《战国策·赵策三》记载了"虎怒决蹯"的故事。在山间的小路上,一只老虎不小心踏进了猎人下的套索中,挣扎了很长时间也

第七章
做多谋善断的领导者

没有挣脱,眼看着猎人一步步逼近,老虎奋力地咬断了那条被套住的腿,终于离开了危险境地。

这两个故事诠释了同样的道理,就是在该放弃的时候要果断地放弃,要"弃子争先""舍卒保车",舍去次要的,保住主要的,争取全局的胜利。

【领导力修炼】

该舍弃的时候就舍弃,这句话包含了许多重要的细节,不对这样的细节进行分析,你就不可能懂得这句话的真正含义。领导者在决策过程中一定要注意鳄鱼法则,不然就会陷入无物之阵,整天瞎忙而看不到成绩。

领导者运用鳄鱼法则,在决策时首先要分清事情的轻重缓急。这已经成为我们的常识了,但有多少人真正认真地研究过这种分类的方法?美国总统艾森豪威尔被视为时间管理大师,他曾说过,最紧迫的事通常不是最重要的。他分清了重要和紧迫的差别。分清轻重缓急在本质上是做判断,要做判断就得有标准,什么事情是重要且紧急的,什么事情是重要而不紧急的,有什么事情是不太重要却紧急的,什么事情既不太重要又不太紧急的。要分清这四类事项,就要深刻理解决策的目的和事项之间的内存逻辑关系。

具体可参照以下方法:第一步,要认清你所面对的问题,详细地罗列出来。详细是要求对问题有准确的界定,对每一个问题都有比较清醒的认知。许多重大且比较复杂的事情必须采取先细分后解决的方法。第二步，根据你的目标确定判断的标准，并确定各个事项之间的逻辑关系。对要实现的目标有重要支持作用的是重要的事项，对目标支持力度较弱的是不太重要的事项，在此基础上确定其内在逻辑关系。第三步，明确先后次序。什么事情必须先做，哪些事情可以合并起来做，这都是需要进一步明确的。

如果认为分清了事情的轻重缓急，就理解了"该放弃时就要果断放弃"这句话，那就错了。一个"该"字道出了决策的艺术性。领导者还要把握好轻重缓急之间的辩证关系，才算理解了"该放弃时就要果断放弃"这句话的全部意义。马克思主义哲学告诉我们，事物的主要矛盾和次要矛盾、矛盾的主要方面和次要方面，在事物的发展过程中双方的地位并不是一成不变的，有时候随着事物的发展，次要矛盾上升为主要矛盾、次要方面上升为主要方面。

作为领导者，脑海里要时刻装着整个大局，主要矛盾和次要矛盾、矛盾的主要方面和次要方面相互联结，组成一个矛盾体系，整个体系的运动促使局面向前发展。只有当次要矛盾、矛盾的次要方面对主要矛盾、矛盾的主要方面产生威胁的时候，才要果断地放弃次要矛盾、矛盾的次要方面。此外，要关注两种矛盾、两个方面的地位变化，只有这样，才能时刻抓住主要问题，才能做到该放弃时果断放弃。

此外，要做到该放弃时便果断放弃，还要注意鱼和熊掌能不能兼得的辩证问题。相信在此节掌握了鳄鱼法则，再参照前面章节提到的布里丹毛驴效应后，一定能从心态上、操作技术上做到"该放弃时果断放弃"。

【延伸阅读】

要做到该放弃时果断放弃，本质上是和人性的贪婪做斗争。从这个角度上讲，要适时放弃需要高深的修炼。人性之贪婪和不懂得舍弃在股票市场上有完美的表现。股市里的博弈最重要的是和自己贪婪的人性做斗争。赢了还想赢，赚了还想赚，却忘记了对风险的判断，输了想翻本，却忽视了对自己投入的成本的考量。及时止损、果断割肉、壮士断臂、虎怒决蹯，便成为投资市场中保障投资成功的一个重要原则。

世界投资大师索罗斯说过，投资本身没有风险，失控的投资才有风险。确定自己能接受多大比例的损失，然后在到达止损点时果断撤离，放弃对利益的顾盼，远比盈利重要。因为在任何时候，保本都是第一位的，盈利是第二位的。建立合理的止损原则相当重要，谨慎的止损原则的核心在于不让亏损持续扩大。

不要把精力浪费在小事上
——不值得定律

主大计者，必执简以御繁。

——苏辙《上皇帝书》

心理学与领导力

【导读】

伦纳德·伯恩斯坦是世界著名的音乐指挥家,然而在他的内心深处最倾心的是作曲。他年轻的时候和美国著名的作曲家柯普兰学习作曲,顺带学习了指挥技巧。他很有创作天赋,曾写出一系列不同凡响的作品,几乎成了美洲大陆的又一位作曲大师。

就在伯恩斯坦在作曲方面一发而不可收的时候,他的指挥才能被当时纽约爱乐乐团指挥发现,力荐伯恩斯坦担任纽约爱乐乐团常任指挥。伯恩斯坦一举成名,成了纽约爱乐乐团的名片。可在伯恩斯坦的内心深处,他更热衷于作曲。闲暇时,他总要找一段时间把自己关在屋里作曲。虽然创作的欲望不时地撞击和折磨着伯恩斯坦,但作曲方面的活力和灵感再也回不到他的身边了,除偶尔闪现的灵光外,伯恩斯坦得到最多的是深深的失望与苦恼。他的乐思一下子枯竭了。

这是不值得定律的一个很好的例证。只有把你的精力投入最重要的、最值得的事情上,你的价值才最大限度地得到体现。

【领导力修炼】

让我们先看一下经济学的例子。比如,你是一位优秀的足球运动员,身体机能比常人要好,很可能在其他活动中也出类拔萃,如修剪自己的草坪比其他任何人都快。但是仅仅由于能迅速地修剪草坪,就意味着应该自己修剪草坪吗?你或许能用 2 小时修剪完草坪。在同样的 2 小时中,你能拍一部运动鞋的电视商业广告,并赚到 1

第七章
做多谋善断的领导者

万元。住在你隔壁的老王能用 4 小时修剪完草坪，但在这同样的 4 小时中，他可以做临时工赚 100 元。在这个例子中，你修剪草坪的机会成本是 1 万元，而老王的机会成本是 100 元。你在修剪草坪上有绝对优势，因为你可以用更少的时间干完这件工作。但老王在修剪草坪上有比较优势，因为他的机会成本低。你雇用了老王去修剪草坪，而自己去拍广告，双方都能获利。这个故事告诉我们经济学上一个重要原理：从事你最擅长的、更有效率的工作，收获将会更大。

不值得定律认为，不值得做的事情就不要做。一个人如果从事一件自认为不值得做的事情，心理上采取敷衍了事的态度，不会让自己真正地投入，不仅不易成功，而且即使成功，也不会有多大的成就感。

《庄子·养生主》中说："吾生也有涯，而知也无涯，以有涯随无涯，殆已。"一个人的精力是有限的，而且付出的过程远比收获的过程漫长和艰辛，一天的 24 小时对任何人都是公平的，除去睡觉、吃饭和徘徊中的时间，真正做有用事的时间远没有想象中多。所以，你必须把有限的时间和精力用在最重要的事情上，不要用在不值得的小事上。经济学之所以诞生，就是因为资源是有限的，而人的欲望是无限的。要用有限的资源去满足人类无限的欲望，就要学会管理自己的稀缺资源。对个人而言，时间和精力就是自己的稀缺资源，管理好自己的稀缺资源，才能让自己的价值最大限度地得到体现。

不要把精力浪费在小事上，要对小事有比较清楚的认识。不值得定律从反面告诉我们值得做的事情有三个判断因素。

1. 价值观。关于价值观或判断标准的问题，在前面的章节中已经谈了不少，这里简要地综述一下。作为领导者，一定要将价值观建立在整个组织的利益基础上，由价值观衍生出一系列具体的判断标准，只有如此，我们才能清楚地知道，哪些事对目标的实现是小事，才能集中精力去做最重要的事情，而且只有符合整个组织利益的价值观，才能凝聚最强大的力量，让大家追随自己满怀热情地去奋斗。

2. 个性和气质。不值得定律告诉我们，一个人如果做一份与他的个性气质完全背离的工作，是很难做好的。所以领导者在管理实践中，一定要发挥组织的优势。具体到每一个人也是如此。作为领导者有其自身的定位，无论是毛泽东所说的领导者最重要的两件事是出主意和选干部，还是联想集团总裁柳传志所讲的领导者的主要任务是定战略、搭班子、建队伍，他们的关注点是相通的，就是全局。领导者的任务就是关注全局，而不是把主要精力放在小事上。

3. 现实的处境。同样一份工作，在不同的处境下去做，给我们的感受也是不同的。因此，不同人对一件事是否是小事的判断往往不同。例如，在一家大公司，如果你最初做的是打杂跑腿的工作，你很可能认为这是小事，是不值得的。可是一旦你被提升为领班或部门经理，从全局来看，可能你就不会这样认为了。毕竟有的事虽小，但若处理不好，会牵一发而动全身，小事就变成了大事，这也是辩证法的应有之义。我们可以从全局的角度、未来的角度对一件事是否是小事做出比较客观的判断。

【延伸阅读】

正如前文所说，事小与大，有时候并不是我们一下就能看得清楚的，而且一件事情到底是小事还是大事，根据不同的标准会有不同的答案。有一句话是这么说的，如果你不知道自己说的话是否伤害了别人，那么别人认为被伤害了，就是伤害了。在你眼中的小事，在别人眼中可能是大事，所以标准的选择是相当重要的。以对方的标准考虑问题，我们就有了换位思考、博弈论等知己知彼的策略。

有的人很关注小事，认为小事能以小见大，管中窥豹、一叶知秋就是这个意思。所以只有明确知道什么是小事，我们才能更好地把精力集中在最重要的事情上。

不要让决策变得急功近利
——艾奇布恩定律

墉基不可仓卒而成，威名不可一朝而立。

——《三国志》

心理学与领导力

【导读】

1409年,明成祖朱棣任命丘福为征虏大将军,率精骑10万,讨伐谋叛的鞑靼主本雅失里。

大军出发前,明成祖朱棣知道丘福平素爱轻敌,特意告诫说:出兵要谨慎,到达鞑靼地区即使有时看不到敌人,也应该做好时时临敌的准备。他还进一步指出,不要丧失战机,不要轻举妄动,不要被敌人假象所欺骗。等到丘福率师北进后,朱棣又连下诏令,反复叫丘福要谨慎出战,不能轻信那些关于敌军容易打败的言论。

8月,丘福的军队来到了鞑靼地区。他自己亲率1000多骑兵先行,当行进到胪朐河(克鲁伦河)一带时,与鞑靼军的散兵游勇遭遇。丘福挥师迎战,将他们打败,接着乘胜渡河,又俘虏了一名鞑靼小官。丘福向他询问鞑靼主本雅失里的去向,因为这个人是鞑靼人派出侦察明军情况的奸细,便编造说:"本雅失里闻大军南来,便惶恐北逃,离这里不过30里地。"丘福听了便信以为真,就决定率先头部队去攻杀。各位将领都不同意丘福的这一决定,建议等部队到齐了,把敌情侦察清楚再出兵。但是丘福却坚持己见,拒不采纳将领的建议。

他率部直袭敌营,连战两日,鞑靼军每战总是假装败走。这更加助长了他的轻敌思想。丘福一心想要生擒本雅失里,于是孤军猛追。他的部将纷纷劝丘福不可轻敌冒进,并提出或战或守的具体措施。但是丘福根本听不进去,一意孤行,并下令说:"不从命者斩!"随即率军攻在前面,诸将不得不跟着前进。不久,鞑

第七章
做多谋善断的领导者

靼大军突然杀过来,将丘福所率领的先头部队重重包围。丘福等将士拼命抵抗也无济于事,最后在突围时战死。丘福死后,明军的后续部队不战而还。

明军的这次失败就是因为统帅的急功近利、轻敌冒进。

【领导力修炼】

汉代董仲舒的《春秋繁露·卷九·对胶西王》中说:"仁人者正其道不谋其利,修其理不急其功。"这应是"急功近利"的最早出处了。

艾奇布恩定律主要是讲大有大的难处,小有小的好处,尤其是在企业做大的过程中,要谨慎地扩张。自从我们发现了规模经济可以大幅节约成本,提高效益之后,企业、国家等经济体的发展都在追求"高大上"。我们不否认"高大上"的好处,但更要强调理性的"高大上"。在决策过程中,绝不能急功近利,盲目扩张。

人之所以急功近利,是基于人性的弱点,人们都想尽快看到事情的结果,取得应有的成绩。但这恰恰是不成熟的表现,成熟的标准之一就是不求当下回报,眼光放长远。但出于种种现实的考量,许多人被迫急于求成。事实上,急于求成的人往往欲速则不达。急于求成的人,执着于取得成功的结果,心理上走进了一个狭小的死胡同里,心态放不平,就不能统揽事情的全局,就不能做出比较客观的决策。过分的执着本身就是迷茫,因为太执着于一点上,忽视了对情况的综合把握,不能掌握全局,自然就会产生对局部或全局的片面认识，这就是一种迷茫。

决策过程中要克服急功近利的心理，就是不要急于求成。《鬼谷子·本经》曰："春生、夏长、秋收、冬藏，天之正也，不可干而逆之。逆之者，虽成必败。"道出了规律的重要性、客观性。规律不以人的意志为转移的特性，要求我们在实践中要认识规律、遵行规律，不可干而逆之。我们知道，规律是本质的必然的联系，规律发生作用是由条件决定的，什么样的条件决定什么规律发生作用，作用的过程和结果也随之确定。我们可以改变条件，选择让不同的规律发生作用，但规律本身是改变不了的。急功近利的做法恰恰违反了规律。

领导者决策和组织的发展密切相关，一个组织的发展速度快与慢，不是我们想当然地要快就快，要慢就慢，必须根据组织的客观条件来决定。客观条件决定适合快速发展，就要快速发展，客观条件决定不宜急于求成，若一味求快，违背了客观规律，欲速则不达。千万不能因为贪图效益而过分地进行人为干预，这样将会把组织带入万劫不复之地。只有摆脱了急于求成的心理，一步步地扎实努力，步步为营，才能达到目的。

决策过程中要克服急功近利的心理，就是不要贪图近利。贪图近利而失败的故事举不胜举。战国后期，秦国日益强大，南攻蜀国，东击巴国，出三峡以图楚国。巴、蜀沃野千里，物产富饶，秦垂涎已久。但蜀有剑门之险，巴有江河之阻，道路崎岖，运输艰难，征伐很不容易。后来，秦惠文王采用大将司巴错的计策，诈言秦得天

第七章
做多谋善断的领导者

降石牛,夜能粪金,秦王写信给蜀王,愿与蜀国结为友邻,馈赠宝物石牛并献美女给蜀王,请开道迎接回去。

蜀王开明氏非常贪婪,便派力士在大、小剑山以及五丁峡一带峭壁处,日夜劈山破石,凿险开路,入秦迎美女运石牛。秦国等蜀道开通后,就暗派大军长驱直入,蜀国没有防备,前线军队又寡不敌众,在葭萌一战中大败,蜀国也就随之灭亡了。

领导者做决策时一定要分清眼前利益与长远利益,以长远利益来决定当前利益的取舍,以长远利益来指导当前的行为。《三傻大闹宝莱坞》这部印度电影就告诉我们:创造条件,结果自然而来;追求卓越,成功自然而来。

艾奇布恩定律提醒我们,大有大的不好,强调的是谨慎行事,徐图发展,不可一口吃个胖子,要追求理性发展。但并不否认团队应该努力做大,只是要我们根据自身的客观实际情况决定要不要做大,不要为了大而大,不要贪急功,图近利。

【延伸阅读】

欲速则不达:"无欲速,无见小利。欲速则不达,见小利则大事不成。"(《论语·子路》)"夫欲速则不达,半岁之病岂一朝可愈。"(宋·司马光《与王乐道书》)欲速则不达,谓性急求快反而不能达到目的。任何事情都是有了量变才会有质变,如果做事一味追求速度,逆其道而行之,结果反而会离目标更远。

子曰:"工欲善其事,必先利其器。居是邦也,事其大夫之贤者,友其士之仁者。"工匠想要使他的工作做好，一定要先让工具锋利。比喻要做好一件事，准备工作非常重要，同样是强调不能急功近利，仓促上阵。

有效预测是成功决策的基石
——儒佛尔定律

没有预测活动，就没有决策的自由。

—— H. 儒佛尔

【导读】

刘备草庐问计，诸葛亮答曰："自董卓以来，豪杰并起，跨州连郡者不可胜数。曹操比于袁绍，则名微而众寡。然操遂能克绍，以弱为强者，非惟天时，抑亦人谋也。今操已拥百万之众，挟天子而令诸侯，此诚不可与争锋。孙权据有江东，已历三世，国险而民附，贤能为之用，此可以为援而不可图也。荆州北据汉、沔，利尽南海，东连吴会，西通巴、蜀，此用武之国，而其主不能守，此殆天所以资将军，将军岂有意乎？益州险塞，沃野千里，天府之土，高祖因之以成帝业。刘璋暗弱，张鲁在北，民殷国富而不知存恤，智能之士思得明君。将军既帝室之胄，信义著于四海，总揽英雄，思贤如渴，若跨有荆、益，保其岩阻，西和诸戎，南抚夷越，外结好孙权，

第七章
做多谋善断的领导者

内修政理；天下有变，则命一上将将荆州之军以向宛、洛，将军身率益州之众出于秦川，百姓孰敢不箪食壶浆以迎将军者乎？诚如是，则霸业可成，汉室可兴矣。"

诸葛亮以其深邃的洞察力，预测了三分天下的大势，让人叹服，因而千百年来被尊为智慧的化身。

【领导力修炼】

"凡事预则立，不预则废"，强调的是前期预测与准备的重要性。千百年来，这种观念成为办大事的指导原则之一，"谋定而后动""庙算"等都是强调预测的重要性。因此，我们有必要深化对预测的认识。预测是指人们对客观事物未来发展情况的预料、估计、分析、判断和推测。预测充分体现人类活动的能动性，只有人类才能够对未来做出合理的预见。

预测是确定战略目标、应对变化等决策的前提，有效的预测是决策成功的基石。预测可以为决策提供参考的依据，预测可为决策提供多种解决方案和应变措施，预测可以提高决策的信心和决心等，要做好决策就必须做好预测。

我们先看看预测的一般过程：

第一步，确定预测的目标，即预测什么问题，达到什么目标，这样才能有的放矢。

第二步，收集和分析预测所需要的资料，把有关预测对象的历史的、现实的、内部的、外部的资料尽量收集齐全，确保资料的准确性和真实性。

第三步，选择适当的预测方法。根据对资料的动态分析，寻找资料间的因果关系，选择或建立不同的预测模型，综合形成轮廓性的预测结果。

第四步，评判预测结果的可靠性和可行性。召开预测评估会议，征求专家意见，集思广益，对预测结果是否可靠，当其他条件变化时结果如何变化进行评估，并对预测模型进行完善，增强预测结果的可靠性。

第五步，将预测结果作为决策依据使用。

这个预测过程可以说是一般的预测流程，尤其在工程领域、实验领域里得到广泛的运用，也是许多人在工作中经常运用的预测模式。由此我们可总结出预测的一般公式：已知＋规律＝未知。我们要想知道将来会发生什么，只要知道现状是什么，对现状发生作用的规律是什么，就能知道未来的结果。在数学领域体现得尤为明显，我们找出已知和应用公式，那么结果就是确定不移的。

【延伸阅读】

我们都想做一个"神机妙算"的人，都希望对未来有较准确的预测，进而采取行动。然而，我们要清楚地认识到，人类对于世界的认识都是基于对历史资料的研究，未来是什么样的，可以从当下的现实中看出端倪，"一叶而知秋""见微而知著"。但这样做是有条件的，对于日升日落、寒来暑往这样的自然规律，100%准确的预测是成立的。但在有的领域就未必了，在经济领域里，经济行为的主体能够从过去的经验中学习，并调整自己的行为，这会影响未来的结果；有的人是基于预期的结果而采取行动，而不是基于分析预测，对此，预测就显得没有任何意义了。经济领域里的许多定律都是基于相对关系，而不是因果关系，如需求定律指的是一种商品的价格上涨则需求量减少，价格下跌则需求量增加，只是基于相对关系，"碘盐风波""蒜你狠"等让我们见证了反例。

做决策时不要畏惧困难
——韦特莱法则

用百折不回的毅力，有计划地克服所有的困难。

——毛泽东

【导读】

许多做过妈妈的人有这样的经历：在家照顾婴儿，有时不得不匆忙上街给婴儿买尿不湿，又要照顾孩子，又得上街购物，甚是苦恼。有个精明的商人发现了这个商机，就创办了"打电话送尿片"公司。尽管送货上门不新鲜，但因本小利微，没有商店愿送尿片。所以，商人雇用在校大学生使用自行车送货以降低成本，送货范围延伸到婴儿药物、玩具和食品，随叫随送，只收15%服务费。结果，他的生意越来越好。

这家公司从许多商家不愿意做的生意中挖掘出了商机,最终取得了成功。韦特莱法则讲的就是这个道理:成功者所从事的工作,是绝大多数人不愿意去做的。

每当有人向韦特莱请教成功的秘诀时,他总会对人讲这样一个故事:林肯小时候,经常在父亲的农场里劳动,但农场里有许多石砾。在母亲的极力主张下,全家人一起搬走了地里的石头,使之成为一片适合耕种、放牧的土地。而原来的农场主当时以较低价格将农场卖给林肯家,就是因为他认为清理这些石头太麻烦了。正是这个经历,让林肯在以后的人生道路上受益匪浅。不管遇到什么事,他都会勇敢地去尝试,认真地完成别人不愿去想、不愿去做的事情。

【领导力修炼】

韦特莱法则给我们的启示就是要有过人之见,有惊人之举,在困难面前,只有技高一筹,方能出奇制胜。世间之人每个人都想成功,但在真正面对困难时,许多人却又"怕"而却步。慢慢地,他们就觉得成功不是一般人能办到的事。有很多人这样想,所以成功的人只是一小部分。许多成功者之所以成功,就在于别人不愿意去做的事,他去做了;别人觉得克服不了的困难,他咬着牙坚持了下来。有时候,成大事其实只需要多那么一点点勇气。

聚焦到领导力的修炼上,就是做决策时不要畏惧困难。在决策过程中主要面对两种困难,一是决策本身是选择,取舍困难;二是

第七章 做多谋善断的领导者

决策之后行动的困难。天下事必先了解它，才能控制它。让我们看看这两种困难的本质。

选择的困难，本质是取舍的困难。为什么会有取舍的困难？主要有三个原因：一是追求完美，贪欲较强，不愿意割舍；二是愿意割舍，不知道怎么割舍；三是选择就意味着放弃，就会造成一部分人的利益损失。第一个是心态问题，第二个是技术问题。这两个问题我们在布里丹毛驴效应里已做过详细的说明。第三个问题是个社会问题，涉及的是一部分人的利益，难，很难！"触动利益比触及灵魂还要难"，这个问题可以从这样几个方面出发来解决，一是舆论宣传，思想动员，让人们自愿割舍利益，维护大局；二是根据平衡原则，被割舍的利益由集体共同承担，或者给予受损失者作为预期的收益。

决策的困难还在于做出决策之后，要面对新的形势、新的任务，做出新的调整。人类有一种恐惧是对未知的恐惧，因为未知带来不安全感。要消除对未知的不安全感，一方面要增加对自身所处形势的明确认知；另一方面要增强自身抵御风险的能力。

做决策时不要畏惧困难，这考验着领导者的勇气和担当。遇到困难并不可怕，可怕的是没有战胜困难的勇气。《战国策·东周策》中有"三国隘秦"一节。韩、赵、魏三国阻挡了通向秦国的道路，周天子想派相国去秦国，恢复与秦国的联系。可是，周天子担心不为秦国所重视，就下令停止了这次外交活动。其实周天子只是担心，只是害怕困难，就顺着困难难以克服的思路发展下去了。一个人不

心理学与领导力

管遇到什么事情，如果首先失去面对困难的勇气，那他就会一事无成。领导者在面对决策的困难时，一定要有战胜困难的勇气，不然什么事情都不可能办成。

有这么一个寓言故事：在森林里，老虎和狮子共处一林，关于它俩谁是兽中之王，动物们看法不一。有的推崇狮子，有的推崇老虎。老虎和狮子准备有朝一日论高低。这一天，狮子遛弯时，闻到了一股肉香，寻香而去，果然看见前方地上有一块肉。狮子正想去吃，却又停住了脚步，因为在那块肉的另一个方向，一个庞然大物也正在靠近。狮子立即意识到，是老虎！老虎似乎也看见了狮子，同样不往前走了。狮子想了想，最终转身离开了，因为它没有把握能战胜老虎，只好把那块肉留给对手了。

几天后，狮子再一次路过那个地方，发现老虎竟然没有吃那块肉，那块肉还在，只是已经腐烂了，有一只秃鹫吃得正香。原来，就在狮子转身离开的瞬间，老虎也转身离开了，因为老虎同样没有把握战胜狮子，只好把那块肉留给狮子。很多时候，胜败是勇气的较量，我们败给对方，并不是因为我们能力不足，而往往是因为我们信心不足。不要以为只有你害怕，你的对手同样害怕。当你想着退缩的时候，你的对手可能也正想退缩。在势均力敌的情况下，决定胜败的不是实力，而是勇气。

【延伸阅读】

"天下事有难易乎，为之则难者亦易矣，不为则易者亦难矣"。

当我们确定一个目标后，在我们还没行动之前，我们在脑海里就不断设想着可能出现的困难，想象着太多的不可能，这些"画地为牢"的自我设限的想法禁锢了我们的勇气。但当我们一旦做出决定，不得不采取行动时，却可能发现原来许多想象中的困难并不存在。

决策前要做好信息收集工作
——沃尔森法则

信息，是人类传承文明、把握未来的载体。

——佚名

【导读】

日本尼西奇公司原是一家生产雨伞的小企业。一次，董事长多博川看到了一份人口普查报告。他从资料上获悉，日本每年有250万婴儿出生，婴儿出生就需要尿布，于是他立即意识到尿布有着巨大的潜在市场。按每个婴儿每年最低消费两条计算，一年就是500万条，再加上国际市场，前景广阔。于是，他立即决定转产尿布，结果畅销全国，走向世界。如今该公司的尿布销量已占世界的1/3，多博川本人也因此成为享誉世界的"尿布大王"。多博川从一份人口普查报告中看到了巨大的商机，从而取得了巨大的成功，这得益于他对市场的敏锐观察力和及时出击的战略。

心理学与领导力

美国著名企业家沃尔森根据其管理实践，提出了把信息和情报放在第一位，金钱就会滚滚而来的论断，被称为"沃尔森法则"。这个原理进一步延伸为：你能得到多少，往往取决于你知道多少。

【领导力修炼】

"沃尔森法则"要求我们要善于根据新情况、新问题，及时调整原来的思路和方案，采取相应的对策。尤其是在决策前要重视信息收集的工作。

孙子云：知彼知己，百战不殆。孙子把信息收集工作上升到战略层次，把信息的作用直接和战争的结果连在一起，可见信息是多么重要。领导工作的决策是以大量信息为基础的。只有掌握了大量信息，对事物的本质和规律有了清醒的认识，决策才有底气。

决策前，做好信息收集工作，就要保障信息收集渠道畅通。作为领导者，要全面掌握信息，就要建立起比较完善的信息收集渠道。对于一个组织内部而言，要形成广开言路的氛围，建立信息收集的制度，确保员工敢于提供信息，善于提供信息。对组织的外部而言，领导者要时刻关注国家形势、市场形势、对手的情况，从网络、报纸等媒体上收集信息，形成比较健全的信息来源渠道。

有了信息，对决策有没有用不好说，这涉及信息的质量问题。对于信息，我们要力求真实、及时、全面。可见信息的真实性要求信息符合客观现实，不真实的信息不仅没有用，反而会误事。《三国演义》里有一章节是蒋干盗书，结果盗来的是一份周瑜故意泄露的假情报，导致曹操错杀了自己的得力干将，可见信息的真实性对结果的影响是多么巨大。当前社会中充斥着许多假信息，分辨信息的真伪非常不容易，这就要求领导要有一双辨别真假的眼睛，不要被假信息所迷惑、误导。及时是要求信息的时效性，一条及时的信息对我们做决策是有用的，但如果过了时间，可能就没用了。所以领导者要创造条件让信息能及时通达，这样才不会误事。信息的全面，要求信息的来源要准确、多方位，既要讲求信息的质，又要讲求信息的量，要注意区分信息是全局信息还是局部信息。

决策前做好信息工作还要做好对信息的加工工作。各种各样的信息大多是比较原始的材料，这样的材料是感性认识的累积，不足以认识事物的本质和规律，对决策的作用也不是很大。对这样的信息不加分析、判断，就用原始的信息来做决策，不可避免地要犯错误。只有经过去粗存精、去伪存真、由表及里的加工，通过分析、归纳、抽象、综合，形成理性的认识，从而把握事物的本质，在把握本质上的基础上认清事物发展的规律，根据规律进行预见，所得出的结论才是真实可信的，才能对决策产生重要的支撑作用。

【延伸阅读】

调查研究是人们深入现场进行考察，以探求客观事物的真相、性质和发展规律的活动。它是人们认识社会、改造社会的一种科学方法。具体可分为两个环节，调查是指通过各种途径，运用各种方式方法，有计划、有目的地了解事物的真实情况。研究则是指对调查材料进行去粗取精、去伪存真、由此及彼、由表及里的思维加工，以获得对客观事物本质和规律的认识。毛泽东同志在《反对本本主义》的文章中曾提出"没有调查就没有发言权"的论断，也有调查研究就像"十月怀胎"，决策就像"一朝分娩"的说法。毛泽东在其革命实践过程中不断地运用马克思主义的立场、观点和方法，调查和研究中国社会的历史和现状，把马克思主义普遍真理同中国革命实践结合起来，进而提出了指导中国革命的理论和方针政策，赢得了革命的胜利，也留下了诸如《湖南农民运动考察报告》《反对本本主义》《论十大关系》等杰作。因此，对领导者而言，调查研究不仅是了解问题、解决问题的工具，也是加强与员工沟通交流的方式，有必要对此加强学习、实践。

利益是决策考虑的首要因素
——史密斯原则

利益根本不是别的东西，只是我们每一个人视为幸福所必需的东西。

——霍尔巴赫

【导读】

"我们没有永恒的敌人，也没有永恒的朋友，我们的使命就是

第七章 做多谋善断的领导者

为我们的利益而奋斗",这是英国首相丘吉尔"二战"时期的一句名言。在"二战"爆发之前,英美等帝国主义国家一直与苏联这个社会主义国家为敌。但"二战"爆发后,德意日等法西斯国家四处侵略,成了全世界人民的敌人。英美等资本主义国家需要与苏联化敌为友,结成联盟,共同抗击法西斯国家。

史密斯原则是美国通用汽车公司前董事长约翰·史密斯提出的一条著名的策略原则。这个原则是"如果你不能战胜他们,你就加入他们之中"。

这个原则告诉我们,没有永远的敌人,只有永远的利益。

【领导力修炼】

任何行为都是有动因的,尤其是深思熟虑的行为。领导决策也不例外,决策的目的看似要实现一个个目标,但所有目标都可归结到利益上,通过利益来体现:付出什么,得到什么,进而分析成本、投入,组织团队,然后采取对策。

在领导决策中,什么样的利益才是需要考虑的首要因素呢?笔者认为,最大多数人的利益是最紧要和最具有决定性的因素。在组织中,整个组织的利益便是要考虑的首要因素。组织就是一群人的系统组合,正因为组织有管理系统,组织决策并不是大家平等投票的结果。然而在现实中,组织利益代表了大部分成员的利益。所以任何组织利益最终是要通过个人利益来表现的,组织权力最终要通过个人权力来体现,没有个人利益的实现,便不能真正实现组织利益。所以必须给个人利益设置一定的保障底线。

经济学告诉我们，资源是稀缺的，欲望是无限的。这种现实导致竞争的存在，在传统的企业竞争中，我们通常是采取一切可能的手段击败、打垮竞争对手，然后将其逐出市场。一个企业的成功是以对手的失败为基础的，"不是东风压倒西风，就是西风压倒东风"。可是随着社会的发展，在新的形势下，传统的竞争方式发生了根本的变化，企业为了自身的生存和发展，需要与竞争对手进行合作，实现共赢，这是决策的基本准则之一。

双方合作的基础首先是对双方都有价值，而且是对方急切需要的一种价值。因此，合作的实质也就成了"你为我用，我为你用"。决策时要保障自身的利益，就要知彼知己，尤其是要知道对方有什么优势可被我们利用，我们有什么长处可为对方所用。如果想要与对方合作，就要创造出对方所需要的优势，最终使交易双方在完成一项交易活动的过程中互惠互利、相得益彰，能够实现双方的共同收益。

微软公司在刚起步时，几乎是一家无人知晓的小公司。当时微软公司主要是通过研制一些办公软件来获利，经过一段时间的运营，微软公司开始为一些圈内人所知。但与当时的电脑业大亨IBM相比，微软的市场份额简直不值一提。不过比尔·盖茨有决心把自己的公司发展成如IBM一样的大公司。在当时，人们普遍认为只有设计和生产电脑硬件才会赚钱。但比尔·盖茨认为，个人计算机将是未来电脑的主要发展方向，而为它服务的系统软件也将越来越重要。于是，他组织人员日夜奋战，开发研制新型的系统软件。不久，他听说帕特森的西雅图计算机产品公司已经研制出一种名为QDOS的操作系统。微软马上决定以合适价格买下其所有权。之后，盖茨组织自己的研究人员在此基础上进行改进，终于研制出了自己的操作系统。在当时，微软公司力量较小，根本无法实现自己的抱负。这时，比尔·盖茨想到了IBM。而当时，IBM想向个人计算机方向发展，但它必须有合作伙伴，IBM虽然十分强大，但要完成此项开发，软件上仍需与外界合作。恰好，微软公司在软件开发方面已小有名气和成果，也是具有一定优势的，这样，二者一拍即合。

【延伸阅读】

利益从更高层次上说，是人们通过社会关系表现出来的不同需要。利益在本质上属于社会关系范畴。由于人的需要是多方面的，因而有多种多样的利益。基于生产关系体系中的地位而形成的对物质产品的占有关系是物质利益，也称经济利益。除此之外，还有政治利益和精神生活方面的利益。我们在进行合作时就要挖掘出对方真实的利益需求。

第八章

做临危不惧的领导者
——未雨绸缪让企业化险为夷

心理学与领导力

领导者要善于应变
——应激心理

明者因时而变，知者随事而制。

——桓宽

【导读】

楚汉之争中，韩信平定齐国后，便派使者赶往正被楚军包围的荥阳去见汉王刘邦，并带给刘邦一封信，信中说："齐国人狡诈多变，反复无常，齐国南面的边境与楚国交界，不设立一个暂时代理的王来镇抚局势，一定不能稳定齐国。为了有利于当前局势，希望允许我暂时代理齐王。"刘邦看了韩信的书信，勃然大怒，厉声骂道："我在这儿被围困，日夜盼着你来帮助我，你却想自立为王！"此时，立在刘邦身旁的张良和陈平同时暗中用脚踩刘邦的脚，两人凑近刘邦的耳朵说："目前汉军处境不利，怎么能禁止韩信称王呢？不如趁机册立他为王，很好地待他，让他自己镇守齐国。不然可能发生变乱。"刘邦立即醒悟过来，急中生智，故意当着韩信使者的面骂道："大丈夫平定了诸侯，就做真王罢了，何必做个暂时代理的王呢？"于是，刘邦派遣张良前往韩信军中，册立韩信为齐王，征调他的军队攻打楚军。韩信被册立为齐王后，一心归属刘邦。项羽派人劝韩

第八章 做临危不惧的领导者

信背叛汉国归属楚国，被韩信拒绝。谋士蒯通劝韩信自立门户与项羽、刘邦争雄，也被韩信拒绝。刘邦以其机智的应变能力，有效化解了危机。应激心理讲的就是总会有各种各样的情境变化或刺激对人施以影响，刺激被人感知或作为信息被人接收，一定会导致主观的反应，同时产生一系列相应的心理生理变化。能否妥善地应对刺激，临危不乱，处变不惊，做出明智的判断和应对，是对领导者的考验。

【领导力修炼】

领导者要善于应变，不可仅用一种方法应对错综复杂的变化。知道适时调整、随机应变的人，就会"条条大道通罗马"；不知适时变化者，就会钻进死胡同。所以身为领导者要见机行事，要善于变化。当情况有利时，要善于抓住机会；当情况不妙时，要迅速变换思路，变不利为有利，化腐朽为神奇。

在当今社会中，应变能力已成为当代人必须具备的基本能力之一。我们每天都要面对比过去成倍增长的信息，如何迅速地分析这些信息，采取行动，需要我们具有良好的应变能力。

领导者要善于应变，是指领导在处理问题的过程中，要能够适应形势的变化，机动灵活地找出解决办法。它是原则性和灵活性的辩证统一、战略性与策略性的有机结合。在瞬息万变的市场上，领导者必须具备极强的应变能力，随时做出正确的决策。应变能力强的人往往能够在复杂的环境中沉着应战，而不是莽撞行事。

然而，随机应变的本领并不是一蹴而就的，需要平时不断总结和锻炼。

领导者要修炼应变的能力，就要在困难面前保持冷静。苏洵在《心术》中曾说："为将之道，当先治心。泰山崩于前而色不变，麋鹿兴于左而目不瞬，然后可以制利害，可以待敌。"无论情形是多么窘迫和险恶，自己都要保持清醒和镇定，只有这样才能对问题进行客观的分析，冷静地做出判断，而不被变化的环境打乱节奏，才不至于盲目应对。

领导者要修炼应变的能力，就要在变化发生前进行调查。调查是决策的基础。客观事物是复杂的，也是处于变化中的，我们所面对的工作环境也是如此。任何比较明显的变化往往都有先兆，而且任何变化都是在不变的基础上发生的，只有对客观事物做详尽的分析，对客观环境做全面的了解，才能掌握事情的背景、本质、规律这些重要的情况。这样，一方面能在变化之前有所准备，未雨绸缪；另一方面能对变化进行及时的判断，知道什么样的变化需要采取行动，什么样的变化可以暂时不用去处理，而不至于在遇到突发事件时手忙脚乱。"拍脑袋"决策，"想当然"办事，而不考虑实际情况的发展变化，必然不能采取有效的应变措施。

领导者要修炼应变的能力，就要提高自己的思维能力。在遇到变化时能迅速地认识到事情的本质，迅速做出决策，这是应对变化的最根本的能力。假如没有建立起高效的思维模式和方法，在遇到新问题时，往往固执地从过去的经验去看待新问题，这样便会迟疑

第八章 做临危不惧的领导者

不决、优柔寡断，丧失应变的最佳时机。笔者认为，思维能力是逻辑思维和辩证思维的融合，只要下决心锻炼，人的思维能力、应变能力是会不断增强的。

领导者要修炼应变的能力，就要善于集思广益，善于谋划。在变化到来时，作为领导者要注重发扬民主，让大家共同出主意、想办法。三国时的诸葛亮以其神机妙算而著称，善于根据变化而采取策略，究其原因在于他能够对身边人员"事无大小悉以咨之"，注意听取下属的意见，善于集中众人的智慧。唐朝魏徵说的"兼听则明，偏听则暗"，就是要求在兼听的基础上对可能出现的变化"居安思危""未雨绸缪"，制订应急预案，一旦发生重大变化要有效地加以处置。正所谓"手中有粮，心中不慌"，做好最坏的打算，自然能"任凭风浪起，稳坐钓鱼台"。

【延伸阅读】

斗转星移、盛衰荣枯、花开花谢，变是永恒的主题，不变才是相对的。我们要修炼应变能力，从本质上来说是修炼我们自身不变的方面，如冷静的心态、较强的思维能力、多谋善断的能力等。这才是应对变化的核心能力，作为领导者更要注重这些方面的修炼。但是，通过上文的分析我们知道，并不是所有变化都需要我们予以关注、采取行动，比如，次要矛盾的变化或矛盾次要方面的变化，若不足以影响主要矛盾或矛盾的主要方面，可暂缓采取行动，静观其变、以静制动、以不变应万变。

心理学与领导力

缺乏危机意识就必然会失败
——青蛙效应

国虽大，好战必亡；天下虽平，忘战必危。

——《司马法》

【导读】

"青蛙效应"是指把一只青蛙扔进开水里，它因感受到巨大的痛苦便会用力一蹬，跃出水面，从而获得生存的机会。而当把一只青蛙放在一盆温水里并逐渐加热时，由于青蛙已慢慢适应了那惬意的水温，所以当温度升高到一定程度时，青蛙便再也没有力量跃出水面了。于是，青蛙便在舒适之中被烫死了。

"青蛙效应"告诉我们这样一个道理，突如其来的外在刺激或危险往往能使人奋起面对，发挥出自身意想不到的巨大潜力；而缓慢渗透的危险却使人防不胜防，甚至毫无意识，无法察觉，等事情发展到不可收拾的地步再做出反应，却为时已晚。

【领导力修炼】

人类的生存与发展，都离不开危机感与忧患意识。人们一旦意识到自己所处的社会环境是不利的或者是相对劣势的，一般会尽最大的努力去提高自己或直接改造自己所处的环境，以达到自己与环

第八章
做临危不惧的领导者

境的统一平衡。但是，当人们对自己所处的环境比较满意时，则会在相对平衡中失去潜在的积极性与进取心，放弃努力。这样，一旦环境因素有了变化，就会出现新的不适应，但又缺乏应有的应变能力，因而最终会被社会环境所淘汰。这方面的例子，最有特点的要算恐龙的灭绝了。

恐龙生活在距今大约 2.35 亿年至 6500 万年前，由于地球的自然环境足够温暖和湿润，以恐龙为代表的爬行动物适应了当时的自然环境，得到快速发展和壮大，成了当时地球上生物的主宰。然而当白垩纪来临时，地球突然变得寒冷而干燥，称霸上亿年的恐龙迅速灭绝，只留下化石和遥远的想象。而那些从没有崭露锋芒的小生物，因为尽快地适应了环境，生存了下来，至今仍生生不息。我们深刻地感受到，很多时候，对我们来说最大的问题不是我们不适应某一种环境，而是过度适应了一种环境。

此刻，我们所面对的世界和恐龙当时的世界有着惊人的相似，都处在运动变化当中，要说有区别，也只是变化的量有大有小而已。但对于一个组织而言，小范围环境的变动幅度却和恐龙所面临的环境变化没有本质的区别。因为环境变了，如果公司没有适应变化了的环境，就发展不下去，就要倒闭，就要灭亡。

我们强调要适应环境，但我们要明白，如果不在秋天准备好过冬的衣服和食物，又怎能度过严寒而漫长的冬天,迎接春天的到来？只有居安思危、未雨绸缪，才能安然渡过危机，不然"亡羊补牢"，有时早已晚矣。

青蛙效应告诉我们：危险就常常在"不知不觉"中悄然来临，正如《孙子兵法》里所说的"备周则意怠，常见则不疑"。意思是准备得很周全，那么意识就会松懈，见的次数多了，就不会起疑心。在现实生活中，人们基于习惯的心理，常对自己所认为重要的事情给予更多的关注，而对于司空见惯的事物熟视无睹，更不用说感知和预测危险了。

领导者要树立危机意识，首先要认识到即将到来的危险是可被预知的。商朝纣王时期，有一天，大臣箕子问侍从："现在，大王吃饭时还用竹筷子吗？"侍从说："不再用竹筷子，已经改用象牙筷子了。"箕子说："用象牙筷子，还会使用陶碗吗？必然要配玉器啊！用象牙筷、玉器皿，还会吃一般的饭菜吗？必然要吃山珍海味啊！吃山珍海味，还会住苇草屋子吗？必然要盖楼阁啊。"侍从说："您分析得很对，现在大王正准备盖楼阁呢。"箕子说："以小见大，见微知著，由此可知，商朝怕是不会长久了。"果不其然，商朝断送在纣王手里。

有时候，细微的东西往往反映事物的本质，代表着事物发展的方向，是忽视不得的。任何事物的内在本质都有其表现出来的现象，这种现象一旦被我们捕捉到，经过由表及里的深度分析，就能发现事物的本质和发展的方向。可能有的现象我们不易察觉或者被有意隐藏，我们依然可以"投石问路""打草惊蛇"，以察其情。危险也不例外，都会有其发生、发展的征兆，领导者要对那些影响整个组织发展，与组织的命运相联系的微小征兆保持足够的敏锐。

第八章
做临危不惧的领导者

有危机意识，更要有危机来临时的对策。领导者要在平时准备好"过冬的棉衣"，以便在危机来临时从容应对。这其中有两个关键环节，一是危机预警，二是危机应对。

就预警而言，领导者在管理实践中一定要对危机所显示出来的信号保持相当的敏锐，一旦出现征兆时，就要提请决策部门注意并进一步加强监测。比如，一个企业要注意关于市场环境变化的信息、对企业或企业领导人形象不利的舆论信息、企业的各项财务指标不断下降的信息、组织遇到的麻烦越来越多的信息、企业的运转效率不断降低的信息等。

针对重大的危机制定危机管理预案。危机预案要求制定者不仅要预见危机发生的各种可能性，而且要针对这些问题提出切实可行的解决方案。防范是危机管理的最佳选择。防范到位，即使危机发生了，也能坦然面对，化危为机、转危为安。危机并不可怕，可怕的是对危机隐患熟视无睹。建立危机防范预案的第一步，是查找本企业可能发生的潜在危机，领导者要对此保持高度的关注，并制订相应的应急预案。

【延伸阅读】

一个组织或个人面临危机，本身就意味着原有的组织结构、运行机制不能很好地适应环境的变化，有变革的需要，而且当危机来临时，必然对原有的机制造成冲击，具有一定的破坏性。正所谓"不破不立"，破"旧"之日，正是立"新"之时。

一个小失误会导致大损失
——蝴蝶效应

不矜细行，终累大德。

——《书》

【导读】

想必很多人看过由埃里克·布雷斯导演的著名科幻、惊悚电影——《蝴蝶效应》。这部电影讲述了一个叫伊万的人，脑海里时常闪现童年时代留下的一些可怕记忆，然而这些记忆都是不完整的，只能依稀记得那时自己是和几个好朋友凯蕾、林尼和托米生活在一起。这些记忆缠绕着他的生活，令他无法安心。最终，伊万请求心理医生的帮助，医生鼓励他用旅行来放松自己，并把每天发生的事情一件件详细记下来。进入大学的伊万突然意识到，记录所用的笔记本可以帮助自己找回孩童时代的记忆。然而，找回记忆后，他开始内疚、痛苦，原来童年时他做了不少错事，并因此失去了几个好朋友。尤其是凯蕾，他童年时候暗恋的女孩。

徘徊在痛苦的边缘，伊万希望能够彻底摆脱童年的阴影，于是他幻想着用自己的意识潜入童年的身体，挽回那些曾经做错的事。但是伊万回到过去改变的每一件事，当他回到现在时都发现

第八章
做临危不惧的领导者

它们带来了意想不到的结果，而且结果更加严重，事情变得越来越糟糕。为了弥补错误，伊万再次返回过去，试图消除痕迹，但事与愿违，他的所作所为只能再次导致现实世界渐趋崩溃。于是反反复复地，他奔波于日益混乱的过去与现实之间，直到无法挽回的结局形成。

【领导力修炼】

蝴蝶效应是一种混沌现象，是气象学家洛伦兹于1963年提出来的。其大意为：南美洲亚马孙河流域热带雨林中的一只蝴蝶，偶尔扇动几下翅膀，就可能在两周后引起美国得克萨斯州的一场龙卷风。其原因在于，蝴蝶翅膀的运动，导致其身边的空气发生变化，并促使微弱气流的产生，而微弱气流的产生又会导致它四周空气或其他系统产生相应的变化，由此形成连锁反应，最终导致其他系统的极大变化。当然，对于一只蝴蝶扇动翅膀到底会不会引起一场龙卷风，我们不必去较真。"蝴蝶效应"主要是关于混沌学的一个比喻。它告诉我们：初始条件下微小的变化能导致整个系统长期的、巨大的连锁反应。

据此，我们可以总结出这样的结论：事物发展的结果，对初始条件具有极为敏感的依赖性，初始条件的极小偏差，将会引起结果的极大差异，正所谓"失之毫厘，谬以千里"。蝴蝶效应在生活中比比皆是，如2008年美国次贷危机引发的金融危机、"厄尔尼诺"现象等。《吕氏春秋》记载了这样一个故事：卑梁是楚国的边境城邑，那里的姑娘和吴国边境城邑的姑娘同在边境上采桑叶。在做游戏时，吴国的姑娘不小心踩伤了卑梁的姑娘。卑梁的人带着受伤的姑娘去责备吴国人。吴国人出言不恭，卑梁人十分恼火，杀死了吴国人。吴国人去卑梁报复，把那个卑梁人全家都杀了。卑梁的守邑大夫大怒，于是发兵反击吴人，把当地的吴人老幼全都杀死了。吴王夷昧听到这件事后很生气，派人领兵入侵楚国的边境城邑，吴国和楚国因此发生了大规模的冲突。

要认清"蝴蝶效应"，我们必须把握好什么是微小的输入量。我们都记得"一屋不扫，何以扫天下"这样的古语，强调我们要注重细节，不要在细节上犯错误。因为一个小的失误，有可能会导致大的损失。与此同时，我们还听过这样的言论，要有大局观念，正如前面所说的"不值得定律"一样，不要把精力放在小事上。因为人的精力是有限的，把精力放在小事上，就会在大事上投入不了足够的精力，会因小失大。这样的困惑，引导着我们进行更加深入的思考，什么样的微小变量会对结果造成巨大的损失？这种损失是必然的吗？有没有办法避免消极后果的出现？

首先，我们要对"蝴蝶效应"中所指的微小变量做出清楚的界定。对于一个事物来说，其表象丰富多彩，千奇百怪，任何一个细节表象的变化对其本质来说都是一个微小变量，但这个微小变量的变化，有时能引发质变，有时并不能导致质变。能引起事物质变的微小变量，就是对结果能产生重要作用的变量，只是它现在可能处于潜伏、萌芽的状态，不易被人们察觉，或者不被人们所重视，被

第八章 做临危不惧的领导者

认为"小"而已。这种细节的微小变量应当引起我们足够的重视。反之，我们不可太纠结于并不能导致质变的细节。纠结于对结果没有决定作用的微小变量，只能让我们焦头烂额地"瞎忙"，而无暇顾及最重要的方面，最终的结果只能是"因小失大"。作为领导者，一定要以全局为参照，关注那些对全局有重要影响的小事。时常问问自己，什么样的小事会影响全局的发展，对全局产生什么样的影响。对于这样的小事，我们要关注其发展、演变，不能因一个小的失误而造成大的损失。

不因小的失误而造成大的损失，更需要注重对这样的小事的前期预防。"千里之堤，溃于蚁穴"，对于这样具有决定作用的小事，我们要防微杜渐。在事情刚发生时，破坏性的因素一般处于弱小阶段，力量不强，容易防范和解决，我们常说的"将矛盾扼杀在萌芽状态"就是这个意思，此时通常不用花费太大力气，就能轻易解决问题。作为领导者，一定要能及时发现这样的矛盾，及时解决这样的矛盾，不然等到局面恶化的时候，必将难以挽回。蔡桓公就做了这样难以挽回的事。扁鹊见蔡桓公，立有间，扁鹊曰："君有疾在腠理，不治将恐深。"桓侯曰："寡人无疾。"扁鹊出。桓侯曰："医之好治不病以为功。"居十日，扁鹊复见，曰："君之病在肌肤，不治将益深。"桓侯不应。扁鹊出。桓侯又不悦。居十日，扁鹊复见，曰："君之病在肠胃，不治将益深。"桓侯又不应。扁鹊出。桓侯又不悦。居十日，扁鹊望桓侯而还走。桓侯故使人问之。扁鹊曰："疾在腠理，汤熨之所及也；在肌肤，针石之所及也；在肠胃，火齐之所及也；在骨髓，司命之所属，无奈何也。今在骨髓，臣是以无请也。"居五日，桓公体痛，使人索扁鹊，已逃秦矣。桓侯遂死。

由此可见，讳疾忌医不仅成为不愿正视问题的代名词，其中更包含了要关注那些重要的小问题，及时化解危机的深意。

【延伸阅读】

我们要做到不因小误而造成大损失，就不能以自我的感觉为判断原则。虽然感觉是认识事物不可缺少的途径，但我们要明白，感觉如果不能契合事物的客观情况，必然导致认识的偏差，结果自然不能如愿。

面对危机时要冷静应对
——吉德林法则

不管发生什么事，都要冷静、沉着。

——狄更斯

【导读】

一位妇女向法院控告，说她丈夫迷恋足球已经到了自己不能容忍的地步，严重影响了他们的夫妻关系。她要求生产足球的厂商赔偿她精神损失费10万英镑。在我们看来，这一指控毫无道理。但

第八章 做临危不惧的领导者

在宣判之前,这位妇女的要求得到了陪审团大多数人的支持。想到马上就要支付巨额的赔偿费,厂商的老板很是忧虑。

这时,厂商的公关顾问认为,对公司来说,问题的关键就是这位妇女的控告让公司损失了大笔的钱,要是能通过这次控告重新赚回损失的钱,问题不就迎刃而解了吗?于是,他向公司建议:与其在法庭上与原告进行无谓的争辩,不如利用这一危机,为公司大造声势,向人们证明厂商生产的足球的魅力。于是,他们联系了媒体,让媒体对这场官司进行大肆渲染。果然,这场官司经媒体的不断轰炸后,厂商名声大振,产品销量一下子就翻了四倍。与损失10万英镑比起来,厂商算是因小祸而得了大福。

上述事例正是吉德林法则的一个体现。吉德林法则告诉我们:把难题清清楚楚地写出来,便已经解决了一半。只有先认清问题,才能很好地解决问题,而解决问题的关键就是有沉着冷静的应变态度。只有这样,才能看清问题、解决问题。

【领导力修炼】

当我们遭遇重大问题时,会感到难以解决、难以把握,觉得超出了自己的应对能力范围,心理上对原先事物的认知平衡就会被打破,进而表现出内心和行为的慌乱,正常的生活也会受到干扰。内心的紧张不断累积,就会表现出无所适从,甚至思维短路,行为紊乱,陷入一种失衡状态,感到恐惧,希望逃避。这就是危机来临时一般人自然的表现。对此,我们不必太苛责自己,说实在的,这无可厚非，因为这是人类的本性使然。

如果人类没有避害的本性，恐怕也延续不到今天。试想人类如果面对地震时不知道躲闪，面对疾病不知道恐惧……人类就不会有认识危险、战胜危险的动力。正是因为人类对地震、疾病等恐惧、害怕，人类才去研究它，克服它，获得自身的生存和发展。所以我们对危机的正确态度不是有些人说的一往无前，更不是畏首畏尾，我们所要做的，首先就是冷静地应对。

只有在危机来临时保持冷静，才能认清危机，要想解决问题，必须清楚问题出在哪里。看到了问题的症结所在，也就找到了解决问题的办法。所以，遇到问题后首要的就是深入分析问题。我们都知道草木皆兵的故事。前秦皇帝苻坚带着 80 万军队去攻打东晋王朝。晋国却只有 8 万人能应战，苻坚根本就没有把他们放在眼里。可谁知道第一次交战，前秦的军队就被东晋打得大败。苻坚登上高处，想看看晋军的情况，却看到很多竖起来的战旗、兵器和战船。这时刚好有一阵风吹过，连树木看起来也像是千万个士兵一样。他吓得脸都白了，说："这也是强敌啊，他们的兵也很多啊！"苻坚失去了一开始的骄傲和信心，打仗时就没有原来勇猛了。两个国家进行了决战，秦军被打败了，苻坚的弟弟战死了。受了伤的苻坚赶紧逃跑，路上听到小鸟叫，他也害怕得以为有人在追他。可见他在十分惊恐之时，稍微有些风吹草动，就认为那些是追兵，更不用说去准确判断敌情的虚实了。

要保持冷静，就要对危机有清醒的认识，出现危机并不可怕，

第八章
做临危不惧的领导者

可怕的是被危机冲昏了头脑而自乱阵脚。对危机的认识，我们在前面青蛙效应中已经重点说明了。所以我们要保持冷静，要从"战略上藐视它，战术上重视它"。战略上认清危机既是危险，同时也是机遇，我们只要预防得法，转危有道，危机自然不再是我们所恐惧的问题。

在领导者的管理实践中，若我们心平气和，在遇到危机时自然能冷静处置。然而，我们在面对他人的挑衅、指责、谩骂、围攻或者冷嘲热讽时，能否保持应对危机的冷静态度，就不好说了。一般情况下，我们为了维护自身的良好形象，显示宽广的胸怀，表现领导的风范，会严格克制自己，冷静地面对他人对自己的嘲讽，压抑自己的不满甚至愤怒。若能这样做，那再好不过了，说明你有足够的克制力。有了足够的克制力，就能抵御现实中的各种诱惑和刺激，对目标有足够的定力。

但如果我们无法克制自己，不妨用理性的方法去面对这样的嘲讽。别人对你的挑衅、指责、谩骂、围攻或者冷嘲热讽必有其动因，我们要设法知道动因所在，就能站在更高层次上去看待他们的挑衅、指责、谩骂、围攻或者冷嘲热讽的行为，从而保持头脑的冷静。正因如此，曾经有人对冷静这样下定义：所谓冷静，就是将问题根植于意识深处，而心游于远，从容以察事理。

要练就冷静从容的心态和气质，需要我们在平时下功夫。具备了这样的心态，任何时候都能保持对危机的缜密思考。虽然从容心态的修炼更多的是靠岁月的沉淀，但还是有许多有效的方法

心理学与领导力

供我们借鉴，如静坐。曾国藩在 30 岁的时候，遭遇痛风，碰见自己的恩师唐鉴先生后，在痛苦中写下了"曾国藩修身十二法"：一曰敬，二曰静坐，三曰早起，四曰读书不二，五曰读史，六曰谨言，七曰养气，八曰保身，九曰日知所亡，十曰月无忘所能，十一为作字，十二为夜不出门。静坐被曾国藩列在修身十二法的第二位，可见他对静坐的重视，由此练就了他后来"每临大事有静气"的修为。

【延伸阅读】

在领导力修炼中，要在危机来临时冷静应对．但我们必须知道，在危机发生前发现其征兆，将危机解决在萌芽状态才是对危机的最好对策。虽然危机有时会转化为对我们有利的机遇，但我们要明白，这样的机遇是要付出一定代价的，毕竟危机中包含了危险。化危险为机遇需要一个强有力的领导者来操控局面，不然危机就会变成纯粹的危险。

危机也是可以预测的
——海恩法则

神奇的预言是神话，科学的预言却是事实。

——列宁

第八章
做临危不惧的领导者

【导读】

春秋后期，鲁国大夫歜成子为和晋国通好而访问晋国。路过卫国时，卫国大夫右宰谷臣把他挽留下来并设家宴招待。宴会上，虽然有家乐助兴，可右宰谷臣的脸上没有一点儿喜色。喝到最后，右宰谷臣送给歜成子一块玉璧。

等到歜成子从晋国回来，路过卫国时，却没有向右宰谷臣辞行。随从问他："来的时候，右宰谷臣那样盛情地招待你，如今回来你为何不去向他辞行呢？"

歜成子说："他设家宴招待我，是要我快乐；摆出家乐而自己没有笑容，是告诉我他有忧愁；酒到浓时送给我玉璧，是对我有所寄托。这样看来，卫国难道不是要有变乱吗？"

等到他们离开卫国有30里以后，听说卫国发生了"宁喜之难"，卫献公发动其他大夫，擒杀宁喜并陈尸于朝。右宰谷臣也因受牵连而被杀。

听到这个消息后，歜成子又让人把右宰谷臣的妻子和孩子接来抚养，并把那块玉璧还给了他们。孔子对此曾感慨地说："这件事情，其智可以看出右宰谷臣筹谋的细微，其仁能够对之托孤寄财的，只能是歜成子呀！"

海恩法则强调的正是这样一个事实：任何事故都是可以预防的。

【领导力修炼】

领导者首先要对海恩法则有比较准确的认识。海恩法则是德国飞机涡轮机的发明者帕布斯·海恩提出的一个航空界关于飞行安全的法则，海恩法则指出：每一起严重事故的背后，必然有29次轻微事故和300起未遂先兆以及1000起事故隐患。这个法则强调两点：一是事故的发生是量的积累结果；二是再好的技术，再完美的规章，在实际操作层面，也无法取代人自身的素质和责任心。这也正是领导者必须注意的两个方面。

危机预测是指对危机信息的侦测，包括危机来源、征兆、性质与规模、影响等。危机预测是危机管理的一个重要环节，或者说是危机管理的起点。关于危机能不能预测，我们在前面已经讲得比较清楚了。能确认的一点是危机是可以预测的，只要我们能找到正确方法，观测到危机发生前的征兆，并给予高度的关注。

关于危机预测的方法有很多种，如从同行的危机处理教训中研究总结，处于同一行业的组织面临的条件比较接近，从而可以推测自身发生危机的可能性；找出组织发展过程中曾经发生过的每一次危机事件的档案，从中分析总结，发现潜在的危机；或者根据不同性质的组织孕育着不同的危机，如煤矿等生产企业容易发生人身意外事故，商业组织发生较多的是经济纠纷……着重检查相应方面，及时发现和排除隐患。

然而，这些只是各行业领域里的预测模式，我们试着从更高层次抽象出危机预测的一般模式或者规律，从而站在全局的高度来预测危机、把握危机。预测的一般模式就是已知＋规律＝未来。

首先让我们试着解释这个公式。所谓已知，就是我们观察到的

第八章 做临危不惧的领导者

征兆,即海恩法则中所强调的量变信息。对于规律的问题,我们可以回顾一下"农夫和蛇"的寓言故事:一个农夫干完农活,回来的路上看见一条蛇冻僵了,就把它拾起来,小心翼翼地揣进怀里,用自己的身体温暖它。那蛇渐渐复苏了,它彻底苏醒过来后,便以迅雷不及掩耳的速度用尖利的毒牙狠狠地咬了恩人一口,使他受了致命的伤。农夫临死的时候痛悔地说:"我不辨好坏,结果害了自己,遭到这样的恶报,我真是活该!"

在教科书中,我们对此常常仅做道德上的评价与判断,殊不知,当蛇感到危险时,它会选择攻击人,咬人是它生存的本性。这样的本性是不以人的意志为转移的,除非你通过训练让它变成了宠物蛇(这样的蛇已经发生了质变)。规律就是如此,它是确定不移的发展趋势,不以人的意志为转移,但可为人认识和利用。掌握一定规律和规律发生作用的条件,那么结果就是可以预测的了。

但对规律的把握我们还要更深一个层次,就是规律是有宏观规律和微观规律之分的。宏观规律是指那些具有较强普适性、全局性的规律,反之即为微观规律,微观规律是相对于宏观规律而言的。如辩证唯物主义原理中所讲的发展的基本规律,包括对立统一规律、质量互变规律、否定之否定规律。三大规律是具有普适性的,任何事物的发展都逃脱不了这三大规律。懂得了这三大规律,你就明白了事物发展的动力、方向和过程。但还要明白,对立统一的内容和形式是不一样的,质量互变的过程和速度也是不同的,否定之否定的曲折性也会有不同的表现。所以,毛泽东同志才会说"不同质的矛盾要用不同质的方法来解决",我们要充分运用特殊质的事物所表现出的特殊规律,以宏观的规律为指导,遵循微观的规律来操作,才可能在预测的过程中得出比较客观的结果。

【延伸阅读】

虽然因果规律是世间存在的一条比较普遍的规律,但我们要明白,只有建立在因果基础上的才是真正的规律。现实生活中许多我们认为的规律并不是建立在这样的基础上的,这点在经济学中表现得尤为明显。经济学的许多定律是建立在相关关系之上的,许多经济预测是不准确的,难怪对经济学的预测人们有这样的说法:解释过去头头是道,似乎有理;预测未来躲躲闪闪,误差惊人。

要注意危机中的商机
——布伦尼曼法则

祸兮福之所倚,福兮祸之所伏。

——老子

【导读】

20世纪30年代世界爆发经济危机,消费者的购买力下降,然而上岛咖啡发现,即使在经济危机时期,人们最想做的也不是天天

第八章
做临危不惧的领导者

愁眉苦脸地面对没有希望的生活，而是能够给自己一点休息的时间和空间，给自己一种看似体面的生活。根据这个发现，上岛咖啡决定不是缩减规模，而是扩大规模。装修典雅、服务优良、环境温馨的上岛咖啡馆，给了人们心灵休息的空间，所以人们经常光顾上岛咖啡馆，尽管其价格不菲。上岛咖啡的生意不但没有受到经济危机影响，反而销量大增。上岛咖啡也因此成为家喻户晓的品牌。在危机中，上岛成就了自我。

危机爆发时，商机依然存在。日本等国的企业就从中受到很大的启发，它们关注危机中的商机，使得战后的日本在满目疮痍、民生凋敝的困境中，产生了丰田、本田、索尼、松下等许多对全球有巨大影响的企业。

这是布伦尼曼法则的一个生动例子。它是由美国大陆航空公司总裁格雷格·布伦尼曼提出的。

【领导力修炼】

《老子》有言："祸兮福之所倚，福兮祸之所伏。"这句话辩证地阐明了危机本质的双重性。危机，是有危险又有机会的时刻，是危险和机遇的混合体，当我们面临危险时，不但要想着如何渡过危机，更要想着如何将危险转化成机遇。布伦尼曼法则告诉我们的正是这个道理：危机不仅带来麻烦，也蕴藏着无限商机，我们要善于从危机中把握机遇。

要把握危机中的商机，我们要从战略上对危机进行定性，还要保持冷静对待危机的心态，更重要的是，我们要对危机的特殊性进行正确的界定。

　　危机的危险性不言而喻，危机的机遇性在于：首先，危机可以暴露组织的弊端，揭露问题所在，这就能使组织对症下药，为进一步发展清除障碍。每一次危机都包含着导致失败的根源，又孕育着成功的种子。每次危机来临或者过后，都会引发对组织目标、架构、运行等各方面的反思和总结，正是因为这样的总结，给组织提供了弥补缺陷和改正错误的机会，所以我们对危机要有全面的认识。

　　其次，对危机转化为机遇来说，更重要的是恰当地处理危机。1910年，一场特大象鼻虫灾害狂潮般地席卷了整个亚拉巴马州的棉花田，虫子所到之处，棉田毁于一旦。亚拉巴马州是美国的主要产棉区，那里的人们世世代代种棉花，可现在，象鼻虫灾害使人们认识到仅仅种棉花是不行的。如果只种棉花，爆发了象鼻虫灾害，一年的收成就都没有了。于是，人们开始在棉花田里套种玉米、大豆、烟叶等作物。尽管棉花田里还有象鼻虫，但根本不足为患。棉花和其他农作物的长势都很好，结果，种植多种农作物的经济效益要比单纯种棉花高四倍。亚拉巴马州的经济从此走上了繁荣之路，人们的生活也越来越好。亚拉巴马州人认为经济的繁荣应该归功于那场象鼻虫灾害，是象鼻虫使他们学会了在棉花田里套种别的农作物。由此可见，好事和坏事、有利与不利等对立的两个方面，是相对的并可互相转化的。

　　关于危险和机遇的转化，我们要站在哲学的高度解释，才能

第八章 做临危不惧的领导者

给出比较全面的回答。危险和机遇是矛盾的双方，双方既是对立的又是统一的。相互转化是统一性的体现，是指其中的任何一方能够在一定条件下进入它的对立面，甚至成为它的对立面。遗传和变异、真理和谬误、质变与量变等，在一定条件下都能够相互转化，这种相互转化的过程之所以能够实现，是因为对立面本身就有内在的、有机的联系，存在着由此到彼的桥梁。比如，我们过河时，因为风浪大，船体摇晃，船上的人小心翼翼，大家齐心协力驶过险滩，危险对我们来说就不是危险了。到了平静的河面时，大家放松了警惕，忽视了河面下的礁石，危险就来临了。可见危险和安全就在这样的过程中转化了，其动甚微，影响甚巨。所以我们从危险中发现了商机后，更重要的是创造危险转化为商机的条件。我们来看看下面这个故事：

南宋绍兴十年七月，杭州城最繁华的街市失火，火势迅速蔓延，许多商铺置于汪洋火海之中，顷刻之间化为废墟。有一位裴姓富商，苦心经营了大半生的几间商铺，也在发生火灾的闹市中。火势越来越猛，他大半辈子的心血眼看将毁于一旦，但是他并没有让伙计和奴仆冲进火海，舍命抢救珠宝财物，而是不慌不忙地指挥他们迅速撤离，一副听天由命的神态，令众人大感不解。然后，他不动声色地派人从长江沿岸平价购回大量木材、毛竹、砖瓦、石灰等建筑用材。当这些材料像小山一样堆起来的时候，他又归于沉寂，整天品茶饮酒，逍遥自在，好像失火与他压根儿没有关系。

大火烧了数十日之后被扑灭了，但是曾经车水马龙的杭州，大半个城已是墙倒房塌，一片狼藉。不几日朝廷颁旨：重建杭州城，凡经营销售建筑用材者一律免税。于是，杭州城内建筑用材供不应求，价格陡涨。裴姓商人趁机抛售建材，获利无数，其数额远远大于被火灾焚毁的财产。裴姓商人果断放弃了不可挽回的损失，及时抓住了商机，获得了巨额财富。

【延伸阅读】

认识到危机包含着商机，是需要智慧的；把危机转化为商机，是需要谋略的。作为领导者不仅需要"识"的修炼，更需要"谋"的修炼。在识的方面，尤其需要辩证思维的修炼，在危机来临时，不能被危机吓倒，要善于从危机中看到希望和转机。在谋的方面，要提倡多谋善谋，在认识到危机出现了转机后，更要有好的对策。只有这样，才能在"山重水复疑无路"中，探得"柳暗花明又一村"。

预先制订好计划才能避免危机
——布利斯定理

居安思危。思则有备，有备无患。

——《书》

第八章
做临危不惧的领导者

【导读】

《东周列国志》记载了这样一个故事：时齐之南境，忽来一大鸟，约长三尺，黑身白颈，长喙独足，鼓双翼舞于田间，野人逐之不得，飞腾望北而去。季斯闻有此怪，以问孔子，孔子曰："此鸟名曰'商羊'，生于北海之滨，天降大雨，商羊起舞，所见之地，必有淫雨为灾。齐、鲁接壤，不可不预为之备！"季斯预戒汶上百姓，修堤盖屋，不三日，果然天降大雨，汶水泛溢。鲁民有备无患，其事传布齐邦，景公益以孔子为神，自是孔子博学之名，传播天下，人皆呼为"圣人"矣。

布利斯定理告诉我们的就是：用较多的时间为一次工作事前做计划，做这项工作所用的总时间就会减少。上述故事中孔子正是提醒季斯提前做好了准备，在事情来临时有效应对，避免了危机的发生。

【领导力修炼】

美国的心理学家做过这样一个实验：把学生分成三组进行投篮技巧训练。第一组学生在20天内每天练习实际投篮，把第一天和最后一天的成绩记录下来。第二组学生也记录下第一天和最后一天的成绩，但在此期间不做任何练习。第三组学生记录下第一天的成绩，然后每天花20分钟做想象中的投篮；如果投篮不中时，他们便在想象中做出相应的纠正。实验结果表明：第二组没有丝毫长进；第一组进球增加了24%；第三组进球增加了26%。由此，他们得出结论：行动前进行头脑热身，构想要做之事的每个细节，然后把它深深铭刻在脑海中，当你行动的时候，就会得心应手。

这个实验告诉我们的就是计划的重要性。只有事前拟定好了行动的计划，梳理好做事的步骤，做起事来才会应付自如。计划就是为完成一定目标而事前对措施和步骤的安排，是实现目标的途径。好的规划是成功的开始。

孙子曰："夫未战而庙算胜者，得算多也；未战而庙算不胜者，得算少也；多算胜，少算不胜，而况于无算乎！吾以此观之，胜负定矣。"我们也常讲"凡事预则立，不预则废"，无不强调计划的意义重大，一切有组织的活动，不管大小，都必须有计划。

作为领导者，一定要学会制订计划。一般而言，制订计划主要有以下几个步骤：

1. 要认清过去和现在。计划的本质是基于现实处境的谋划。不认清现实处境，就不知道自己的优势和劣势在什么地方，就不能确定能不能实现所定目标，也不能确定在达到目标的过程中如何扬长避短。只有明确自身和周围的客观环境，才能根据实际情况制定出相对合理的目标。目标太高，实现不了，打击团队信心；目标太低，容易实现，失去了目标的存在价值。

2. 确定目标。确定目标本身是一个富有挑战性的决策任务。目标可以分为两个部分，一是方向，二是量的标准。方向就是我们要走的方向，量的标准就是往这个方向进行到什么样的程度。这是目标不可缺少的两个基本要素。在确定好目标后，我们要对目标实现的可能性进行评估，评估实现目标的条件是否具备，不具备时如何创造条件。只有这样,目标才能起到指明方向和衡量实际工作成效的作用。

3. 分解目标并确定主次。目标本身是个系统,一个大目标是由许多小的目标、阶段性的目标组成的。在确定目标的同时,要将决策所确立的目标进行分解,将整体目标分解为多个小目标,将长期目标分解为各个阶段的目标,每个目标要具体明确,定出质量标准和时限,并根据总体目标的需要和先后次序,分清轻重缓急,确定不同阶段、不同部分的主要目标。

4. 针对每个目标,制订具有可行性的行动计划。该步骤分三个内容:拟订计划、评估计划和选定计划。拟订的可行性计划越科学,则行动就越高效,拟订计划时要清楚地描述这样的问题:做什么、为什么、何时做、何地做、谁来做、怎么做、做到什么程度、所需费用是多少等关键性问题。要根据客观条件,统筹安排。评估需要做的是认真考察每一个计划的制约因素和潜在风险,评估的时候需要从量和性两方面来全面评估。最后,选定要执行的计划。

制订计划必须胸有全局,妥善安排,哪些先干,哪些后干,应考虑成熟。确定轻重缓急,哪些是重点,哪些是一般内容。在时间安排上,要有总的时限,又要有每个阶段的时间要求以及人力、物力的安排,确保计划有条不紊地协调进行。

【延伸阅读】

制订计划本身是为了确定行动的方向,不至于在方向上产生迷茫。然而我们常说计划赶不上变化。对这句话要辩证地看待，要对计划和变化具体分析，主要看二者之间兼容量的大小，若计划能够兼容现在的变化，我们可以保持既定的总目标不变，在其他小的目标上稍微修改或者根本不需要修改；若变化超出计划所能容纳的范围，我们就要对计划做调整，毕竟超出计划的变化有可能导致计划在新的现实面前失去针对性、有效性，我们需要对此进行重新评估。

自我淘汰才能不断进步
——达维多定律

择其善者而从之，其不善者而改之。

——《论语》

【导读】

海尔彩电从创立之日起，就创造了许多让人意想不到的产品，如拉幕式彩电，海尔称之为"晶视2000"。这种彩电开机时，精彩的好戏从屏幕中间徐徐展开，关机时，如戏台落幕，屏幕从两侧向中间合拢关闭，让电视开关具有舞台的艺术性。它的最大好处还在于：开机软启动，避免了图像闪烁对人眼的伤害；关机零闪烁，避免了强光束对屏幕中心的冲击，可以延长显像管寿命近一倍，所以有人称其为"长寿彩电"。这种彩电问世后，一向以工业设计和数

第八章
做临危不惧的领导者

字技术居国际一流的德国人也赞叹不已。

后来海尔又生产出可以升级的彩电,海尔称之为"全媒体、全数字"彩电。过去的彩电都是将电视机的功能固定在一块线路板上,而海尔采用了与计算机相同的模块化设计,不但可以使各个功能模块实现交互式双向信息交流,而且可以随着技术的更新发展和人们的需求变化来更换模块,使其功能得到最大化的体现。

随着市场需求的不断变化,海尔又生产出家庭影院彩电。这一款彩电首次实现了真正立体声系统,营造出可与专业音响媲美的全空间多维环绕立体效果,市场反响强烈。海尔在千变万化的市场需求中,把握不同人群的不同需求,这是海尔创新的方向。正是因为把握了这个方向,海尔才保持了自己的持续领先地位。

曾任职于英特尔公司高级行销主管和副总裁的威廉·H.达维多认为,任何企业在本产业中必须不断更新自己的产品。一家企业如果要在市场上占据主导地位,就必须第一个开发出新一代产品。

【领导力修炼】

广东省佛山市顺德区原来是个农业县,种稻多,种甘蔗多,养鱼多,养鸡、鸭、鹅多。20 世纪 80 年代初,乡镇企业才起步,当时那里的乡镇企业局局长讲过一句话,他说:"这个产品,我们今天开始生产它,就在开始准备淘汰它。"他们已在生产的,都是要马上淘汰的。为什么?为了竞争。他们决不允许自己的企业五年以后还在生产今天的产品。如今顺德已经成为工业名牌如林的广东"四小虎"之一了，他们的产品已经走向了世界。

顺德区用事实告诉我们：只有不断创造新产品，及时淘汰老产品，使成功的新产品尽快进入市场，才能形成新的市场和产品标准，从而在市场中掌握主动权。这也正是达维多定律的精髓。

企业的管理者都清楚，人们在市场竞争中无时无刻不在抢占先机，因为只有先占领市场，才能获得较大的市场份额和高额的利润。然而要保持领先，前提是要在技术上永远领先。要领先，就要不断地进行自我淘汰。

要进行自我淘汰，就要有忧患意识。忧患意识，顾名思义就是要求我们保持一种居安思危的理念。而这种理念生成的前提就是要求我们拥有认清形势、掌握全局、勤于思考、不断进取、勇于创新的精神。对组织、个人现状不能保持自满的心态，不靠山吃山，要对未来的变化保持足够的敏锐，认识到随着市场的变化，组织和个人的优势有可能变成劣势，需要我们根据市场的变化，调整组织和个人的策略。

要进行自我淘汰，就要敢于舍弃。人对安全感有强烈的需要，所以常常会在自己熟悉的事情上舍不得放手，尤其是面对未知的恐惧时，放弃当前拥有的则显得更加艰难。进行自我淘汰，本质上是淘汰没有发展前途的事物，但从个人情感上来说，那是熟悉的、给人安全感的事物，情感上不是那么容易割舍。作为领导者，不能感

第八章 做临危不惧的领导者

情用事，须知：当前的不舍，未来将会造成更大的损失，必须敢于舍弃那些没有发展前途的事物。

要进行自我淘汰，就要进行创新。用新的思想、新的产品取代旧的思想和产品，这是事物发展的必然趋势。要创新，就要在原来的基础上，以新、奇、异为原则，以市场需求为导向，创造出符合市场最新需要的产品，做到人无我有，人有我新。只有这样，才能夺先机之时，赢先机之利，制先机之胜。

【延伸阅读】

20世纪90年代，美国前总统克林顿偕夫人希拉里出席一个为残疾人谋求职业的仪式，与此同时，一名美国运动员退役的新闻发布会正在这个国家的另一处举行。身为一个球迷，克林顿忍不住在仪式上说了毫无干系的一番话："在我的一生中，还没有看到有其他运动员能将头脑、身体和精神诸项素质结合得像他那样完美。我认为美国的体育迷用一到两天的时间发出'啊'的感叹是很正常的。如莱特兄弟与其他的美国先驱一样，他们证明了人类确实可以飞翔！"那一年这名运动员36周岁。几个月以前，他用一次匪夷所思的出手为NBA留下了一道曼妙的曲线，以87比86的比分助芝加哥公牛队反败为胜，并为自己摘得第六枚总冠军戒指。这个人就是"飞人"乔丹。

是什么让乔丹获得如此辉煌的成绩呢？答案是教练的一句话。在乔丹还是个不太知名的球员时，一场比赛胜利后，乔丹和同伴正沾沾自喜地畅谈胜利的喜悦，教练却未露出笑容，而是把乔丹拉到一旁，严肃地批评了一通，其中的一句话使乔丹永铭于心："你是一个优秀的队员，可今天的比赛场上，你发挥得极差，完全没有突破，这不是我想象中的乔丹，你要想在美国篮球界一鸣惊人，必须时刻记住——要学会自我淘汰，淘汰昨天的你，淘汰自我满足的你……"乔丹就是凭借着这位教练的一句话，冲进了芝加哥公牛队。后来，他成了全美国乃至全世界家喻户晓的"飞人乔丹"。